沙田婦女會
Shatin Women's Association

沙田婦女會五十印記

道義春秋

壬寅年

目錄

序言

前言

題辭

引言

會務回顧及展望　陳惠平、夏劍琨

專題文章

團隊獻禮頌金禧

附錄

序言

序言

全國人大常委譚耀宗 GBS JP

喜聞沙田婦女會即將迎來成立五十週年金禧慶典之大好日子。為紀念這五十年來的發展和成長，沙田婦女會製作一本五十週年紀念的書籍。黃戊娣榮譽會長邀請我為書作序，我實在感到非常榮幸，欣然答應了。

香港經濟在上世紀的六、七十年代初開始急速膨脹。在製造業和出口加工業蓬勃發展的需求帶動底下，原有市區土地空間已經難以應付實際發展的需要。為了解決當年市區的土地荒，港英政府急需把發展方向和全部目光都投向了新界。

跟當時新界許多其他地區一樣，沙田仍處於由農耕社會進入城市化之初，居民生活普遍比較艱苦。那年代的港英政府對市民的支援服務很缺乏。幸好那個時候有一班熱心的沙田居民聚合起來，他們本着互助解困的精神和同舟共濟之心，攜手建立了沙田婦女會的前身——沙田婦女聯誼會。

回想起來，黃會長曾經告訴過我，沙田婦女會的第一代會址是由熱心人士借出的豬棚改建而成的。經過半個世紀的耕耘，沙田婦女會獲得多項值得自豪的成就，今天的服務範疇已經由最初的婦女工作擴展至包括長者、兒童、少數族裔和青少年服務等多個方面，並一共擁有六個地區服務點、一個環保農莊和一間超市社企。現時，其會員人數更已突破一萬人。

沙田婦女會是一個愛國愛港的慈善團體，全面支持中央政府政策和特區政府施政，積極參與社會事務，團結群眾，發展會員，並以愛國事業去努力工作為宗旨，一直秉承「敬業樂業，尊群愛群」的精神，致力為沙田區居民提供服務。

五十年來的汗水，從傳統走到現代，一步一個腳印，沙田婦女會經歷過很多不為人知的困難和挑戰，最難得的是該會同仁始終緊緊團結在一起，為沙田街坊服務之心始終如一。

在此，我謹祝願沙田婦女會在新的里程上，鑄造新的輝煌！

前言

一、心繫社會

全國人大代表、新界社團聯會理事長陳勇 BBS JP

在九十年代港英統治時，沙田婦女會已率先突破港英壓制，並在政府公屋爭取創建會所，心繫社會服務市民。欣聞沙田婦女會成立五十週年大喜日子，為了承前啟後，總結經驗，再創輝煌而著書一本。我深感榮幸被邀請為沙田婦女會撰寫前言。

沙田婦女會是新界區最有代表性的婦女團體之一，會員逾萬人。服務多元化，營運方式跟上時代節奏。沙田婦女會有六個服務中心分佈在沙田各區和屋邨，方便為市民提供適切服務。更經營了一個近六萬呎的農莊，為市民在鬧市之中開闢了一個綠洲，讓人們得到接觸和認識大自然的機會，深受市民歡迎。沙田婦女會更經營了一個二千多呎的社企超市，為市民提供價廉物美的生活用品。超市聘請弱勢社群為職員，為社區提供就業職位，釋放潛在勞動力，也被視為企業文化精神之一。以上等等綜合組構，均運作良好，持續發展向上。沙田婦女會成就有口皆碑，成為我們學習的典範。

沙田婦女會是新界社團聯會創會團體之一，常將爭取的經驗及與政府官員交往的經驗，向聯會各屬會推薦和相授。沙田婦女會在沙田地區充滿活力，審時創新，積極參與各類別的社會事務，投入度也受政府讚賞。在疫情最嚴重的情況時，沙田婦女會各個中心雖然停止向外開放，但大家仍然堅守服務意向，積極參與各種社會服務，使服務到家到戶，除了派送抗疫防疫物資外，也積極與其他慈善團體合作，如參與關愛基金數碼電視援助計劃號召下，為市民更換舊制式電視機等，讓服務受眾在家抗疫同時，仍能享受沙田婦女會服務。

最後，我衷心祝願，沙田婦女會在新的征程上，再接再厲。祈許會務有長足發展，台階性上升！

二、為婦女福祉努力奮鬥

全國政協委員、香港婦聯主席
葉順興 BBS MH JP

沙田婦女會成立於一九七二年，至今已有半個世紀。七十年代是愛國熱潮澎湃的時期，我也是在一九七二年懷抱理想，走入新界燃燒青春，直至今天。

沙田婦女會的五十年，是沙田姊妹們為婦女福祉努力奮鬥的五十年；為建設美好家園的五十年。她們在沙田新圍村的土地上，親力親為一磚一瓦建築自己的會所，讓婦女們在務農或工作之餘，有一個溫暖的去處。她們一起學習知識，一起活動消閒，互助互愛，服務社區。

在一九七六年，我也開始涉足婦女工作，當時有幸與沙田婦女會學習交流。至八、九十年代開始，新界婦女團體更是聯繫緊密，沙田婦女會也是其中一員，共同為爭取婦女兒童權益而奔走。每年的三八婦女節，在港英年代的港督府、立法局都可見到我們的風采，議題包括：女原居民應有繼承權及丁屋權、夫妻分開報稅、要求政府向家庭提供託兒支援服務、成立婦女事務委員會、解決婦女就業，要求再培訓課程要切合婦女需要等。

在一九九四年，姊妹們一起參加在北京舉行的世界婦女大會，在非政府組織論壇上提出新界婦女的情況、需要及建議。這次會議令我們擴闊了國際視野，深感婦女發展工作要組織起來，要有方向、有目標、有方法、有資源，才可更上一層樓。

在一九九六年香港回歸前夕，新界區婦女團體組織起來成立了香港婦女發展聯會（後改名為：香港婦聯），當時沙田婦女會理事長黃戊娣擔任了副主席。我們一起規劃香港回歸後，婦女團體在「一國兩制」的新時代如何發揮作用，爭取更多政府資源做大、做強、做專，為婦女兒童創造更美好的明天。

光陰似箭，日月如梭。沙田婦女會經過五十年的奮鬥，會務工作生機勃勃，專業化、多元化的服務如甘露灌溉在沙田大地上，從一棵小樹苗成長為參天大樹，是婦女兒童乘涼擋雨的幸福之家。

沙田婦女會今天所取得的卓越成就，黃戊娣理事長應是頭等功，她猶如領頭雁般，帶領眾雁前飛。於一九九三年在公屋首創開辦服務中心，隨後相繼開了五個中心，服務發展多元，除恆常服務，更有超市社企，國民教育，綠庭園，智能安老院，戊娣是我們的楷模，戊娣辛苦了！

「雄關漫道真如鐵，而今邁步從頭越。」期望沙田婦女會在香港第二次回歸的征途上風雨兼程，繼承優良傳統，同心合力向着更遠大的目標進發！

三、竭誠服務沙田區

前民政事務局局長徐英偉

在香港，婦女在家庭及工作崗位上均擔當重要的角色，對社會貢獻良多。沙田婦女會自一九七二年創立以來，一直盡心竭誠服務沙田區，組織婦女義工支援弱勢社區團結和諧。婦女會成立初期以互助聯誼及協助居民排難解困為主，及後隨沙田新市鎮的發展，在區內開設服務中心，提供社區及康樂服務。時至今日，婦女會提供的服務更為多元化，並營運環保農莊和社企超市，照顧區內不同社群的需要。疫情期間，婦女會更謹守崗位，向有需要人士提供防疫物資及送上關懷，支持社區的防疫抗疫工作，貫徹婦女會「敬業樂業、尊群愛群」的服務宗旨。

我在此衷心祝賀沙田婦女會成立五十週年，並祝願婦女會繼往開來，竿頭日進。

四、互助互愛，同舟共濟

沙田婦女會理事、立法會議員
葛珮帆 BBS JP

沙田曾是漁民及農民聚居的小鄉村，在上世紀七十年代逐漸發展成郊區新市鎮。惟進入城市化初期，當時政府福利政策匱乏，未能顧及地區需要，居民生活相對困苦。幸得一班志同道合、熱心公益的人士，秉持着互助互愛、同舟共濟的精神成立了沙田婦女會，日後亦成為新界最具代表的婦女團體之一。

隨着多年來的默默耕耘，沙田婦女會會員人數隨之增加至兩萬人，遍佈沙田及馬鞍山，服務更趨多元化。除了在新田村、瀝源邨、耀安邨、恆安邨、利安邨及沙角邨設立服務中心，亦有超市社企及綠庭園環保農莊，服務對象包括婦女、長者、青少年及少數族裔等，交口稱譽，是愛國愛港的社會服務團體的典範。

半世紀的成就得來不易，我很榮幸擔任沙田婦女會的理事，多年來與姊妹們一起建設社區，為沙田區居民服務，今日更迎來成立五十週年的大喜日子。除了對此表示熱烈恭賀，亦祝沙田婦女會能繼續團結社區，發揚婦女互助互愛的精神，促進婦女積極參與社區事務及各階層之共融。在新的里程碑上，再接再厲，締造更多新的突破。

五、敬業樂業，尊群愛群

社會福利署助理署長梁綺莉

沙田婦女會成立至今已達半個世紀，一直秉承「敬業樂業，尊群愛群」的精神，致力服務沙田區居民。隨着沙田區數十載的變遷，沙田婦女會的發展與時並進，服務對象涵蓋婦女、兒童、長者、青少年及少數族裔人士；而服務形式亦更趨多元化，除六個遍佈沙田區的服務中心，沙田婦女會於二〇〇九年營運首間社企超級市場「家家好」，並於二〇一〇年首度營辦「綠庭園環保農莊」，惠澤社群。

過去一年，香港面對前所未見的疫情，社會上各階層的市民都受到不同程度的影響。有見及此，沙田婦女會在疫情期間不遺餘力，為有需要的人士和家庭送上關懷及援助。沙田婦女會亦積極支持和協助特區政府推行多項的地區措施，包括就業支援服務、短期食物援助計劃及改善家居援助計劃等，足見沙田婦女會一直竭盡所能，至誠為地區上有需要的社群服務。

欣逢沙田婦女會昂然踏入五十週年，並藉此良機總結經驗與同業分享，實在難能可貴。本人謹衷心致賀，並感謝沙田婦女會多年來對沙田區的貢獻，在此祝願沙田婦女會繼往開來，續創佳績，讓更多沙田區居民受惠。

六、多元服務，惠澤社群

沙田民政事務專員柯家樂太平紳士

歲月如梭，沙田婦女會至今已陪伴沙田街坊走過五十個寒暑。作為在沙田扎根五十載的地區組織，婦女會在服務街坊方面一直殫精竭慮，近年亦致力引入更多元化的服務，例如社企超市和環保農莊，並在日常生活和康樂文化等層面全方位支援居民的需要。除了恆常服務外，婦女會亦曾多次與沙田民政事務處合作，適時幫助弱勢社群，例如在疫情期間，協助分發口罩予有需要人士；同時亦為為弱勢人士提供免費流感疫苗注射服務。此外，婦女會承辦了多項社會福利署的服務計劃，包括就業支援服務、為低收入劏房住戶改善家居援助計劃等，彰顯了婦女會為基層市民服務的熱誠。回望過去，婦女會在沙田屹立五十年，從零開始建立完善的服務網絡，成功實踐為民服務的使命。展望將來，我相信婦女會將在傳承過往服務經驗的同時，加入更多創新元素，繼續惠澤社群。

題辭

沙田婦女會五十周年誌慶

集賢結慧

益社匡羣

政務司司長李家超

香港居民典範

沙田婦女之光

沙田婦女會五十週年紀念誌慶

新界鄉議局主席 劉業強 敬題

恭賀沙田婦女會五十春秋紀念

躬身行仁義
丹心愛國家

立法會議員 李世榮敬賀

恭賀沙田婦女會五十華誕

懿德廣衍

善業流芳

沙田警區指揮官 梁子健總警司致敬

恭賀沙田婦女會五十華誕

蘭心芝行
惠眾弘仁

新界鄉議局副主席　沙田鄉事委員會主席　沙田區議員莫錦貴致敬

沙田婦女會五十周年誌慶

光耀婦界
溥澤羣黎

社會福利署沙田區福利專員馮淑文

恭賀沙田婦女會五十華誕

心繫大中華

力撐半邊天

沙田各界大聯盟主席　新界社團聯會副理事長　鄧開榮太平紳士致敬

引言

一、承前啟後　再創新猷

沙田婦女會榮譽會長黃戊娣JP

沙田婦女會順應時代要求，應命而生，應運而存，應時而立，應勢而進，今日已屆知命之年。過去以鍥而不捨的精神，順應客觀潮流步伐，走過了半個世紀。踏平了多少崎嶇荊棘路，視艱辛為人生歷練，繼續砥礪前行，無悔初心，也無愧丹心。為永葆青春，華路藍縷，再創新猷。

時代呼喚——鐵肩擔道義

如果有人說我有事業，做了沙田婦女會五十年義工這件事，就是我一生的事業了。沙田婦女會成立於一九七二年，成立初期名為沙田婦女聯誼會。當時沙田正處於農耕社會進入城市化之初，也以農牧業為主。因歷年港英政府意圖收集全港水源伸延統治動機，使沙田以至新界農業嚴重缺乏水源，農民因而面臨半破產，將種水稻作物改為種花卉及養殖。除沙田原有數十條自然村外，大量木屋在整個沙田區的山邊搭建，有些外來的花農也在租來的耕地上搭建木屋居住。居住自然村的男性居民因耕田難以為生，有很多出國謀求生活，留下父母妻兒在故鄉。

當時社會保障幾乎等於零，天災病禍，必須互助解困，互助聯誼會的社會組織應時代而生。沙田婦女聯誼會就在這個時代的呼喚下呱呱誕生落地，我是該會創會理事之一。會址設立在今日秦石邨山邊的一個木屋區，有數千居民，名叫沙田頭新村。會址是一位豬農名叫邵富的會友，將豬棚相借，由義工將豬棚改成多個課室，以作開會及活動之用。會員都是自然村和木屋區居民，參加者踴躍，熱情很高。

正因為政府發展沙田新市鎮，大量收地，農民的耕地和住屋均被徵收，爭取賠償及安置居所，便成為社會熱點。沙田婦女聯誼會參與協助農民爭取合理權益，成為農民依靠對象。會員人數激增，會務發展很快。整天的工作就是圍繞與理民府交涉，成為市民最信賴的團體。

然而好景不長，政府將木屋區拆遷後，大量木屋區居民搬上了公屋，會所也要搬遷，又不獲任何安置，一時間變成人物兩空。展開與政府激烈談判，經協商後，政府提出解決條件，要會方自行在沙田區覓得合適官地，又要當地居民不反對，才可批出會所牌照。

沙田婦女會仝仁爭取若干年後，幸得隔田村村長曾錦安先生鼎力協助，同意在其村界範圍內一幅官地興建會所。經義工出錢出力，一所兩層共一千四百呎的混凝土會所建立在沙田新田村，就是沙田婦女會今日的總會。在爭取會所期間，原本在木屋區的會所已拆去，為了服務不間斷，並在其時向會員及市民籌集一筆款項，在大圍村購得一所約四百呎唐樓作為會所之用。

在這篇文章已定稿時，才聯絡到數十年未見的創會理事長趙愛蓮女士，她今年已經八十五歲了。所以在此加入此篇章，以示對前輩敬禮！和她通電話第一句就說：「若婦女會有需要，我可以贊助！」可以想像她幾十年的心，都不忘為婦女會作奉獻，也從中感覺到她生活富足、幸福。我們夫婦相約她們夫婦茶敍，並到她家探訪。她和丈夫韓先生生活非常幸福美滿，女兒孝順，身體精神甚佳，夫婦倆尤愛唱歌娛情，我們也甚感欣慰。我的印象，韓先生曾持續多年在沙田婦女會義務教授小朋友打乒乓球，精神確實可嘉。

據趙女士憶述在一九七二年創會時，尤其創建總會和購置大圍會所時，的確經過艱苦而漫長的歷程。七、八十年代香港在港英統治下，對愛國團體的不公平對待，倍增工作難度，壓力更大。都是發動群眾爭取，並發動群眾義務參與興建總會和籌款購置大圍會所。大家都付出很多精神和力量，離不開群眾支持，才最後取得成功。她並欣然表示，對沙田婦女會今日的發展，感到認同、讚賞、安慰。

▲ 黃戊娣榮譽會長與創會理事長趙愛蓮女士談心

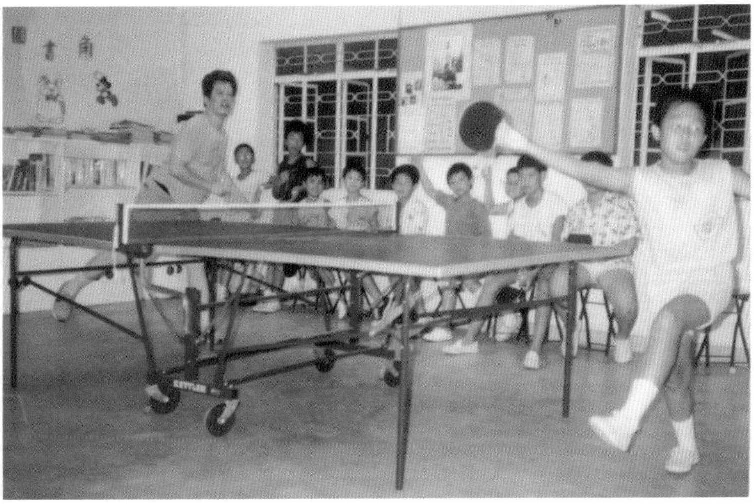

▲ 當年趙女士的丈夫義務訓練小朋友打乒乓球，兩夫妻落心落力，服務社區。

應運而存——從傳統走向現代

沙田經過了十多年的翻天覆地巨變後，已成為六十多萬居民的新市鎮。屋邨商場林立。沙田婦女會昔日的運作模式及工作性質，已完全失去客觀要求和服務對象。會員上了樓，自己又進不了城，成了大鄉里一名，孤立在草野山邊與市鎮咫尺天涯，徬徨不可終日，會務陷入低潮。那時婦女會的活動能力每況愈下，連會慶活動也支撐不起。沒有班組活動收入，就連起碼營運資金也缺乏。

在遇困思變的情況下，每週招集義工推行蛇宴賺取經費。工作人員付出辛勞，由早上六時至深夜十一時辦蛇宴，才賺取得營運資金來源，逐漸恢復班組活動及正常服務。並積極參與社區工作，派人參加區議會選舉，掌握社會資訊，按準時代脈搏。沙田婦女會在一九九三年派人參加區議會選舉，取得了議席，增強會務發展，更上了一個台階。

九十年代是沙田婦女會應運而存的一個轉捩點，港英政府為了準備撤退。調整政策，放棄由政府管理的社區會堂，交由民間團體管理。沙田婦女會洞悉先機，率先向民政總署提出申請管理沙角社區會堂獲批。又幸得一位社區人士，在沙田婦女會最艱難、最需要和最關鍵時刻的贊助。他將多年前以十萬港元購買新西蘭幣，以定期將本息滾存的一筆銀行儲蓄，轉名給予沙田婦女會，自行去聘請職員為政府管理社區會堂。並同時再由該社區人士支付款項，更新社區會堂眾多損壞設施，單是音響就需費數萬元。一個員工預算薪金每月八千元，以一年作為試驗期。

在管理會堂的經驗中，我們得到成功。連續多年被政府評為最有成績的社團，相反其他管理團體相繼失敗。我們的成功包括創造資金，過程中賺到第一桶金，並與政府建立良好關係和爭取眾多社區網絡。也從中得悉一個道理，立足屋邨，發展在屋邨，才可有發展空間。也必須得到一些載體，爭取在屋邨建立會所，以作持續發展的延伸和擴大。

為響應香港回歸祖國這個偉大歷史使命，沙田婦女會積極參與社會活動。旗幟鮮明地帶動會員和市民參與遊行、請願和助選等社會活動，促進香港順利回歸。多次上北京表達香港回歸的強烈願望，並積極配合中央為香港回歸所訂立的各項工作而努力。從而在愛國活動參與中，提高會員的愛國意識及情愫，並參加迎接解放軍進城及各項回歸儀式的歷史見證。

應時而立——社會實踐得真知

能夠立足在居民集中的屋邨，是沙田婦女會的開拓目標地。在九十年代，在港英政府統治之下，能在政府轄下的屋邨，爭取一間會所，我等愛國社團是空白。因此，我要感謝一位社會人士，簡松年律師。我們參與區議會和區域市政局兩級議會選舉，是合作夥伴，他當年為我們引見了一位房署官員，

▲與國務院港澳辦陳滋英副主任會面

協助我們在政府屋邨爭取到第一間會所。誠惶誠恐之外，更有點天方夜譚的感覺。

幾經艱辛跌宕，在一九九三年，沙田婦女會爭取到第一間在馬鞍山耀安邨建立的會所，大鄉里入城安家立戶，取名為「馬鞍山服務中心」，不敢有第二間的奢望。高興不了幾天，原來這個會址是一幢公屋底部的一個無牆空格。在千頭萬緒之下，又必須由自己籌資興建，包括重建各設施，如防火系統等專業項目，涉及資金數十萬元計。對於一個初出茅廬、無資金、無知識的小會來說，其壓力幾許，可想而知，真有點愛了我又害了我的感覺。

我們第一次嚐到使用社會資源的甜頭，向戴麟趾基金申請得十多萬元，再尋求社區人士資助，本會首間會所終於在公共屋邨應時而立。成為當時愛國社團的先行者，有點衝出重圍的感覺。然而，我們並沒有自滿，將此經驗和與房署官員聯絡溝通的方法，向新界社團聯會婦女中心推介。經過負責人的努力，也在大埔大元邨取得一個二千呎的婦女中心會所。從而向各區推介，便開闢了一條金光大道。各區開展了一片新天地，建立可持續發展的載體，以後可贏取發展空間及如何使用社會資源，增強企業生命力等，也是重要的發展思路。

應勢而進——熱血注春秋

時至今日，沙田婦女會經歷過從傳統走向現代的足跡，一步一腳印。在沙田各區共擁有六個會所，一個農莊，一間小型超市，兩個物業。箇中故事，應可寫成一篇社會學論文，在此也可作為立身於社會的一個前進經驗。現在總結此經驗，提升理論，作為借鑒，目的是為了進一步的持續發展而鋪出一條康莊大道，讓我們以妙筆寫春秋吧！

如何拓展發展空間？正是我們今後的命題；如何爭取市場佔有？更是我們生存的運程；如何深化建立應勢而進的有效管理團隊？科學應用人、財、物的資源，為企業持續發展，創立富足而不斷的補給，是致勝千里之道，也是我們企業文化藝術所走的精彩之路。

在此，我重申一件事，我從來沒有推薦過一個親屬在沙田婦女會擔任過受薪職務；而只有動員我所有的親屬擔任非受薪職務和做義工，只可出錢出力。包括我的丈夫、兩位姊姊、弟婦、小姑、姨甥等。不聘請親屬任受薪職位的做法，主要負責人要堅持這個原則。舉例說，若企業主席請了親屬任受薪職位，如日後要解僱此職員，除非主席本人外，又有誰可以有此權力呢？豈非成為企業之死門？所以我仍希望沙田婦女會的主要負責人，能夠繼續不聘請親屬任受薪職位這個做法。正如我在三十年前提出財政獨立和審計理財的規定，至今仍保持一貫的做法一樣。同樣不聘請親屬掌管財政職務的做法，也很有必要，主要負責人不涉財政（並非不理），也更為重要。

我在二〇一一年和丈夫完成沙田區議會議員任期之後，決定交班。雖然傳聞下屆區議員設有約滿酬金計劃，但我仍堅決交班，給年輕人去參選。同時，並將我所擔任民建聯沙田支部主席一職及沙田婦女會理事長一職，一併交班給予年輕人，讓更有活力的接班人繼續乘勢打拼。為此創立完善和科學的交接制度，在事業最興旺的時機交班，使事業更具有前進活力。我認為如此做法對企業文化哲學的創建，起着積極作用。能做到這點，也是我引以為榮的事，理所當然的事。

我懷念逝去的一位好姐姐，曾任沙田婦女會副理事長的魏愛蓮女士。她主管婦女會繁雜的內務工作，她是一個團結會員、代表、理事、義工、有能力和具威信、賦風範的領袖，幾十年來都是沙田婦女的台柱式人物。所以我們都暱稱她為「校長」，以示尊崇。她更動員了她的丈夫陳秋先生成為一個隨傳隨到，唯恐落後的全天候金牌義工。她留在沙田婦女會內的時間多於留在家中，萬種工作都有她的身影，而且身影都是在各項活動中最早出現，最遲退卻。她的身體不好，有長期慢性病痛。但她以堅強意志克服滿身的痛楚，令人敬佩又心痛。她真的不容易啊！她那潔白靈魂之光，永遠閃爍在我的心中。

豈料，一浪未平，一波又起。又是一件令人痛心的事來到，本會吳玉娟理事也在瞬間離世。她是一位能團結和發展會員、義工的能手，幾十年來都有一群義工圍繞在她的身邊工作。她除做好本身工作外，還代表沙田婦女會與外界聯絡。代表本會參與外界活動，任勞任怨，費用自付，堪稱典範。兩位故友逝矣！在疫情之下還未能得見最後一面，確實令人感到萬分悲痛。好姐妹啊！您們已完成了歷史使命！我將永遠懷念您們！也藉此機會，我以感恩的筆尖，細細寫出一番感謝之言，去感謝我在任時的沙田婦女會歷屆理事、代表、義工們。她們長時間無償所付出的智慧和汗水，造就了沙田婦女會豐碩的成果。

沙田婦女會是一個慈善團體，從傳統走向現代，走出一條真善美的人生精氣神之正道。真善美都是世界上最美麗的東西，人間不死的光芒。我們能夠為真善美而工作一生、追求一生，實在是三生有幸。然而在今日，我們將要行穩致遠，再接再厲，為市民服務，謀取福祉，正是最重要宗旨。我們的智慧產出與蒼生相結合，就是人生最嚮往的未來奉獻。最後，我殷切期望着充滿誠意和智慧的繼任團隊，接棒奮進，勇於攀登，以台階式猛進去完成使命！用詩歌式的奮鬥來謳歌可貴的生命！

▲ 四週年會慶

▲ 二十七週年在廣州慶祝會慶

▲ 二十八週年會慶

▲三十週年會慶——旗袍主題

▲三十八週年會慶——服裝展

二、主編委感言

沙田婦女會會長《道義春秋》主編委蔡蕙芳

首先我感謝各編委成員，在公餘時間，付出極大辛勞，合力完成沙田婦女會五十印記《道義春秋》。在此，我解釋一下書名的含意。即沙田婦女會所走過五十年的歷史，做的都是道義工作。這工作還將努力做下去，這也是沙田婦女會的宗旨和社會責任。斗膽以揮寫歷史的春秋三傳，《左氏》、《公羊》、《穀梁》作出比喻，去承擔和傳送道義。

我在沙田婦女會工作了數十年，目睹和親歷各仝仁的風範，都是以「公」為尚，自私為恥。雖然各人能力有高低，但仝仁都遵從沙田婦女會的企業道德文化，以「公」心懷德，敬業尊群。仝仁大多都做到先公後私，甚至大公無私。雖然我們的能力有限，但沙田婦女會擺在面前的成績，並非虛擬，都是由無數姐妹和社會仁賢共同締造美的傑作。

我們的工作是得到社會認同的，在沙田區有一個社團，多年來作出問卷調查結果，沙田婦女會都在每一次各個調查得到最高分。這些外界點讚評語，是市民認同我們的工作表示。支持我們工作的理念，無疑從客觀上對我們的認同和肯定。我們深信，群眾眼光雪亮這個道理，都視為激勵我們努力工作的動力和航標。

今日著書是為了總結沙田婦女會的五十年光輝歷史，作為仝仁今後工作的借鏡，也視作沙田婦女會的未來航向明燈。正藉香港和祖國海晏河清的大好環境之際，「潮平兩岸闊，風正一帆懸」。姐妹們！努力前航吧！我並謹此注目，向各位為本書獻以鴻文，而平添《道義春秋》厚重的嘉賓們，恭肅敬禮！

三、結緣沙婦　聚份同行

沙田婦女會理事長陳惠平

緣份注定，緣來如此。緣來緣去，確實奇緣。一日，我路過沙田婦女會（沙婦）辦事處門前，猛然抬頭，赫見一巨大醒目的沙田婦女會招牌。心中油然頓生一念，若能在此工作，那就太好了，然而此事日久漸漸淡忘。又在機緣巧合之下，見到勞工處沙田婦女會招請職員資料，碰下運氣將個人履歷資料投入。冥冥中注定，緣來無法擋，面試後受聘為沙婦職員。後來想起當初意欲成為沙婦職員的願望瞬間不謀而合，這種特殊的感應，實在感懷不已。

在沙婦幾年的工作中，學到很多做人處事的經驗。經過實踐的歷練，價值觀得以提升，人生有所得着，都是由於與沙田婦女會結下不解之緣所致。後來因本人的家事，必須離開香港一段頗長的日子，便辭去沙婦職務。後來回港，時任沙田婦女會理事長黃戊娣動員我去競選理事，轉做義工。因此我又回到沙婦的大家庭，做了幾屆理事，對沙婦的管理文化和運作模式得以再進一步認識。

由於娣姐當年已交班，再動員我選任常務副理事長，將主力轉到沙田婦女會來協助當屆理事長工作。我深知學識有限，難於勝任。幸得理事會和員工鼎力支持，結聚緣份而行，婦女會工作賴以順利進行。但仍有很多有關工作的人事管理制度及工作方式的不適應和不理解，因而工作壓力很大。唯只有堅持信念，沉着而細緻解決各項難題。所付出的努力沒有白費，報以當年業績的上升。從客觀事實給予我的認同和鼓勵，因而令我充滿信心，也無愧於心。書到用時方恨少，自知能力有限，但娣姐鼓勵我只要盡心盡力，以「公」心工作，學歷不全代表學力。主要不斷進修增值，迎接未來工作的挑戰。做到學習要認真，書愛有緣人。

我有幸擔任沙田婦女會理事長一職，在之前我曾擔任沙田婦女會常務副理事長時，經過工作實踐，我所學到的工作知識，但仍遠遠不足。令我最感恩的，使我從工作的認知和感悟中，深深認同沙田婦女會優良傳統的為公文化。為市民服務的無私精神，更使我融和於員工的艱辛工作中，了解社會，了解人間疾苦與使命。我與沙田婦女會，可說有緣有份。促使我加倍努力做好本份，提升企業的服務質素，努力爭取成績。

前輩為沙田婦女會的貢獻，擺在今日鐵的成績事實面前。沙田婦女會就已爭取得到會所的價值估算，雖然物業屬於房署，但物業市價的資產值已達至數以億元之數。若沒有前輩爭取到這些優惠租金的會所，作為持續發展之用，又如何可以再創新猷呢？我將願意承受前輩一心為公的人生價值精神之鞭，驅策我努力向前。我深知做人處事必須有一顆赤誠無私的公心，而做公益事業的人更必須具備的。

以後我會虛心學習，努力與我們德才兼備的員工，攜手奮進，聚份同行。一步一腳印，為社會奉獻我們的光和熱，去完成沙田婦女會每個光芒四射的歷史使命而不懈工作。

會務回顧及展望

陳惠平、夏劍琨

一、一以貫之五十年，論初心與發展

本港坊間有句老話，每當顧客格價，老闆往往說一句：「已經好平啦，我唔係做慈善呀。」但其實香港有為數不少的人，真的天天都在做「慈善」。相信只要留心坊間各類中心、協會的海報，都會發現有很多不同的非牟利活動、班組供大家參與。香港是世界上對社團管制最鬆的地區之一，加上人口密度大，催生了大量的志願團體。香港政府對這些團體的界定，有一個簡單直接的辦法，即符合稅務條例第八十八條的，就是法定的「慈善團體」；尚未符合的，就是普通社團。前者的數量要遠比後者為少，但前者的規模卻往往遠大於後者。原因就是一旦成為了法定的慈善團體，便是登堂入室，獲得了與政府和其他大企業合作，進行全港性賣旗籌款，甚至在公屋申請會址等發展模式的許可證。

成為法定慈善團體的條例程序，以及本會成為此類團體的過程，我們在另一章會討論。然而撇開了章程和規限，要真正成為社會各界認可的慈善團體，還是取決於救苦扶貧的初心。

本會在七十年代初成立，當時政府還沒有完善相關條例，在成立之初，大家也沒有想過會有五十年後的今天。

根據本會創會者之一，前任理事長、現任榮譽會長黃戌娣女士（娣姐）的憶述，當時一群中青年婦女聚在一起，其實就是源於三個字：「想幫人」。

當時沙田只有二萬多人口，大部份從事農務，不少人住在簡陋的寮屋，每當出現颱風、暴雨，寮屋和農作物被破壞，她們便四處出動，協助受影響的民眾。

令娣姐印象最深刻的一次，是火炭某個村落的一對孿生兄弟，在颱風襲港期間被山洪沖走罹難，只找回其中一位的遺體。由於生活困苦，家無長物，該名死者的後事都是由婦女會義工一起幫忙料理。現在回想，一群弱質女子，平日連夜路也不敢獨自走，當時卻不知道是哪裏來的勇氣，竟然可以做到如此地步，歸根結底，可能也只是這三個字：「想幫人」。

後來本會漸具規模，本港老牌的慈善活動如公益金百萬行、《歡樂滿東華》、《博愛傳萬家》等等，本會同仁例不缺席，每年都大力支持。

和許多老牌慈善團體一樣，本會不局限於本港，把目光放得更遠。

八九十年代，祖國大陸經濟尚未完全騰飛，華東華南地區頻頻受到水災困擾，本會多次響應愛國人士發起的籌款活動，援助受災同胞。本會亦有大力參與希望工程，為廣東偏遠地區的學童籌款建校。

▲ 八十年代初的新田村總會，為居民提供聚會和聯誼的場所。

與長輩和子女一同生活。

在本港，二〇二〇至二一年社會受疫情影響，百業委靡，基層市民生活困苦，甚至不少中產家庭也面臨經濟危機。本會各中心在現有工作飽和的情況下，仍毅然參加多項紓困工程，包括為受疫情影響的市民提供食物包和熱食飯盒。二〇二〇年疫情最嚴重的時期，飲食和旅遊業接近停頓，新田總會每天送出的食物包激增，同事需由上午工作到深夜。瀝源服務中心由於面積有限，無法囤存食物包，更需在逢星期一、三、五即收即派，三位女同事等如每星期要從事三天繁重的搬運工作。

至於本會國民教育中心參與的「齊惜福」熱食計劃，每天中午平均派出一百多個飯盒，數量在參加機構中名列前茅。為了方便受助者，中心同事犧牲午休時間，讓受助者可以有更充裕的時間前來領取。

多間中心更合作參與「劏房戶設施改善」計劃，為區內劏房戶申請購買所需的電器和傢具，其中馬鞍山服務中心更接受來自大埔區的申請個案，理事和同事深入村屋、唐樓、寮屋，接觸本港生活最為困苦的一群人，了解他們的需要和傾聽他們的心聲。

原以為同事會怨聲載道，但與他們交流溝通後卻發現，同事們不但沒有因增加工作量心存不滿，反因切切實實幫到市民，真真正正地「做慈善」而感到高興。當然在工作的過程中，同事們難免有摩

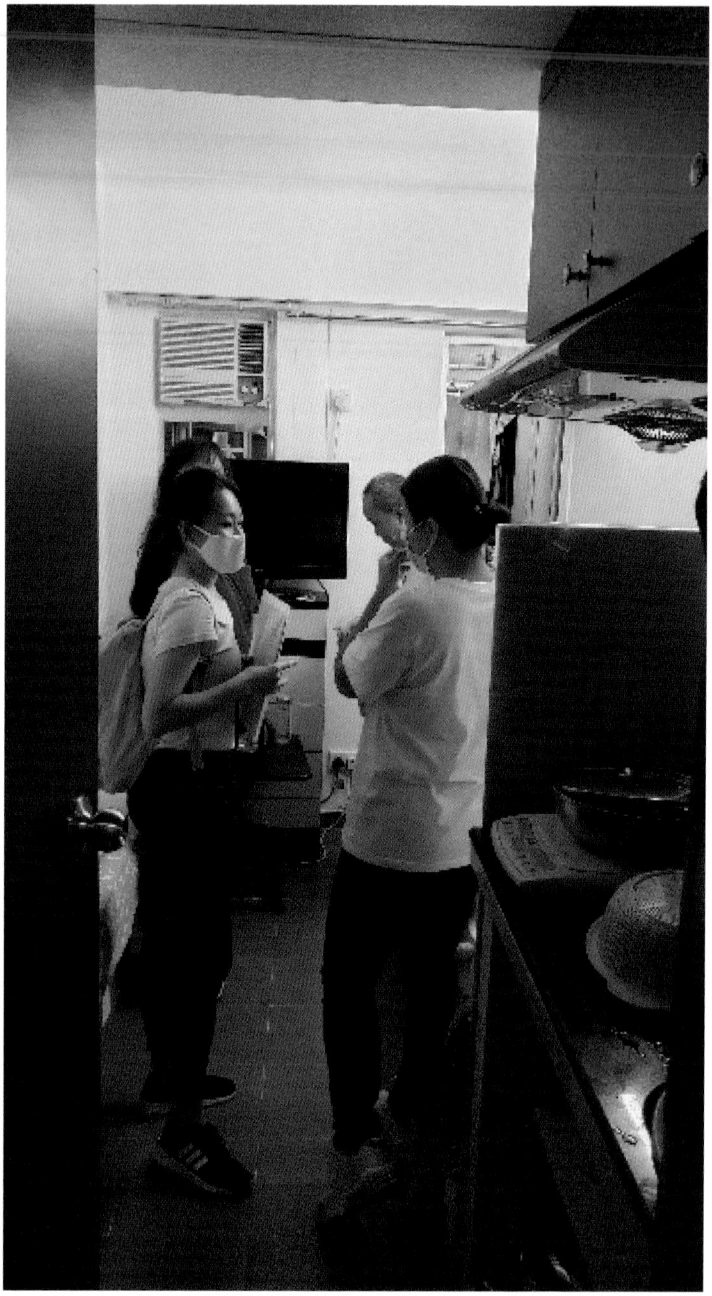

▲ 各中心同事定期探訪劏房家庭

擦，也難免會感到辛苦，但一想到自己的辛勤，可以換取對困難市民的一份關懷和幫助，鼓舞他們努力向前，渡過困境，大家就心滿意足了。

近年越來越多學者指出，一個組織如欲凝聚成員，不斷茁壯發展，並不全靠物質待遇，因為物質待遇很容易會受到社會環境和營運生態影響，然而一貫秉持的初心，卻不容易被外部影響擾亂。經濟價值永遠浮動，人文價值卻歷久彌堅。

回想本會平實地走過五十年，對員工來說，待遇算不上高薪厚祿；對理事和義工來說，也沒有所謂的晉升階梯，沒有所謂的上流社會入場券，但本會歷代理事、義工、員工仍能無私參與，奉獻更多，或許說來說去，仍是這三個字：「想幫人」。

二、從聯誼到議政，由私到公的自我覺醒

本會成立之初，是一個聯誼性質的團體，舉行小班組的同時，發揮鄰里互助精神。隨着規模不斷發展壯大，這種互助的精神，漸漸發展成為更深層次、視界更為高遠的理念。

根據前理事長現任榮譽會長黃戊娣女士（娣姐）憶述，八十年代初開始她擔任本會理事長，與大量會員和區內女性交流溝通，越來越覺得政府在保障女性權益以及女性就業支援方面頗有不足。其中一個例子就是女士產假的安排，當時社會上就業的女性日益增加，這些女性同時要肩負生育後代的責任，懷孕和生育期間如何兼顧工作、調養和育兒，政府當時的勞工政策並不能給予適合的支援。政府在一九七〇年引入婦女產假安排，屬於無薪假期。不少會員反映，女性在生育時坐月休假便沒有收入，然而孩子降生，需要額外使費購置育兒物品，對家庭財政構成嚴重壓力。

本會理事們遂草擬信件，援引鄰近國家和地區的例子，就女性產假的有薪安排向政府正式提出訴求。在社會各方的共同爭取下，政府終在一九八一年通過入職四十週之後的女性，可以在生育首三名子女的情況下享有產前四星期和產後六星期的有薪假期（按日薪三分之二支付），即俗稱的「前四後六」。

隨着時代進步，本會繼續推動政府改良該法例，使之更加符合現代女性的需要。一九九五年勞僱會通過把產假薪金由日薪三分之二提高到五分之四；一九九七年，勞僱會取消了有薪產假子女數目的限制。

對公共事務的關注、爭取和成功，使本會同仁明白擇善固執、據理力爭的重要性。本會也因一次發乎自然的爭取行動，完成了質的轉變，從一個聯誼組織蛻變為爭取女性權益的社會性組織。

一九八七年，我們開始尋求政府成立一個專職婦女權益的架構，即婦女事務委員會。一九八九年，我們參與新界社團聯會婦女中心的問卷調查，該調查訪問了三千多位女性，了解她們面對的困難和對政策支援的期望。當時行政立法兩局雖有回覆，卻沒有作出任何實質承諾，唯本會並未放棄，更把委員會的成立列入長遠的工作目標，把握每一次的發聲機會，一次又一次表明我們的訴求以及其中的堅實理據。終於在二〇〇〇年五月，特區政府承諾成立婦女事務委員會。

一九九〇年，政府進行「跨越九十年代香港社會福利白皮書初稿」的諮詢工作，我們在詳細研究稿件後，向社會福利署致信表達了稿件中對婦女支援不足的失望和關切。但與一些逢政府必反的所謂社會人士不同，我們在經過深思熟慮後，提出一系列可行的建議，包括在人口密集的社區設立婦女中心、為婦女提供持續教育和培訓機會、設立婦女保健中心等等。通過不停的爭取和發聲，這一系列的訴求均在日後獲政府不同程度上予以落實。

同時，我們把目光從單純的婦女議題放到與之息息相關的家庭議題。一九九一年十二月，政府向公眾提出「防止兒童被獨留家中無人照顧」的諮詢時，本會也發動成員對此現象集思廣益。

獨留兒童在家中，勢必會造成各種各樣的危險，因此必須立法禁止，這是一個道德正確的法案，似乎沒有反對的理由。然而在與區內的親子父母充份交流之後，我們卻發現家長們有不同的看法和顧慮，再結合研究統計所得的實際數據，本會得出了不同的結論。

據我們統計發現，當時全港十四歲以下兒童超過一百二十萬名，政府提供的各種托管名額卻只有三萬多名，如此龐大的差距，雙職家庭根本無法找到託管兒童的地方，如要避免兒童留家，夫妻必須有一人放棄工作。

另一方面，不少與我們探討交流的父母均不認同立法，最大的理由便是社會百物騰貴，夫妻都需要外出工作維持生計，又不一定能得家中長輩協助看顧兒童，如果硬性禁止兒童留在家中，勢必令其中一人無法工作，家庭收入大減，何以為生？

因此本會和其他婦女團體達成共識，聯署去信政府，要求三思而行，並提出多點建議，要求政府先加強對家庭和託兒服務的支援，才研究一刀切禁止兒童獨留家中。最終該項提案因不切當時社會實際狀況而被擱置。

一九九七年香港回歸祖國，本會在這件大盛事前後，本着關心社會、維護家園的信念，又一次跳脫窠臼，不再局限於社會福利層面，更向議政方面進取。這一年我們分別就「第一屆立法會產生辦法」、「社團條例」及「公安條例」立法等發表了看法，支持特區政府以平穩過渡、維持本港繁榮穩定的角度，為所當為。

本會從舉辦康樂活動到關注公共事務的轉型，也可視為現代女性由關注自己生活，到關注自身權益，再到心繫整個社會、甚至整個國家的覺醒，《禮記•禮運》曰：「大道之行也，天下為公。」由小我到大我，由大我到忘我、無我，一心為公，事事為公。本會經歷的，正是這種由私而公的蛻變。

▲本會熱烈響應「消除對婦女一切形式歧視公約」的各項活動。

三、名正方能言順　認可慈善團體的重要性

一提起香港社會的經濟結構，相信大家首先會想起兩個字：「地產」。高地價、高樓價，寸金尺土的結果，就是地產巨頭甚至寡頭壟斷經濟，強者恆強，創科小公司則勉強經營。

其實在非政府機構的生態圈中，也可說存在着類似的現象。不少大型慈善機構的服務中心可以得到政府全額資助，在吸引社福界人才、申請承辦大型慈善基金等各方面，都佔有壓倒性的優勢。大部份的社會團體，則只能靠班組收入維持營運，資金局限了服務的維度（層次和素質）和廣度（所涵蓋的族群和範圍），服務維度和廣度又回過頭來局限資金運轉，大家辛勤付出，一晃二十年，卻發現仍在原地踏步，不得其門而入。

小團體要突破困局，第一步就是要成為所謂的「政府認可慈善團體」，也即是《稅務條例》第八十八條中豁免繳稅的屬公共性質的慈善機構。這類機構不但豁免繳稅，而且根據《稅務條例》第二條，捐贈給此類團體的款項屬於「認可慈善捐款」，是可以抵扣捐贈者應繳的稅項。對社會上的善長仁翁來說，比起沒有認可的非牟利組織，他們更加願意捐款給「八十八」團體，不但因為此類團體是政府認證，也因為捐款可以抵扣稅款。

而政府轄下以優惠租金出租的物業舖位，一般也只會租給「八十八」團體。人家都知道的港九新界賣旗，也只接受「八十八」團體的申請。

一般非牟利組織要成為此類團體，需經正規的律師及會計師協助向稅務局申請。它們必須被證明所有款項是用於以下四個途徑：

1．救助貧困；

2．促進教育；

3．推廣宗教；及

4．除上述之外，其他有益於社會而具慈善性質的宗旨，但用途必須是有益於香港社會，才可被視為具慈善性質。

而該等團體的任何盈利，都必須以貫徹該等團體文明宗旨的方式，用於香港本地的慈善用途，或者用於香港以外的地方，但被證明是同時對香港社會有益。

慈善用途的定義相當廣泛，除了扶病濟貧，以往案例明確判定屬於慈善用途的包括：獎學金、環境保護、非牟利老人院或學校、動物保護等等。

另外一條比較明確的規範，則是該等團體的理事會成員及管理架構成員，不得在團體內受薪。

現時不少圈內人覺得，要申請「八十八」有相當難度，但其實政府的規定對於真正有志於服務的團體來說，可謂順理成章的事，如一個團體能真正上下一心，做到服務社群，公在私先，並且本着廉潔自律的理念做好賬目，要成為認可慈善團體並非難事。

本會在一九七二年成立，不到十年，即八十年代初成功獲認證為「八十八」團體，一切就如水到渠成。

回想起來，我們當時的工作主要有兩項，一是貫徹「三互」精神，即與沙田區居民（尤其是婦女）互相關心、互相幫助、互相愛護，二是鼓勵女性多參加公益活動。我們的架構非常簡單：一個理事會、一位秘書以及眾會員。

舉辦的活動也全部是非牟利性質，而為了支付秘書的薪金，理事長會帶同理事們在年宵花墟中賣花，所賣

▲ 多年來區內大型公益活動沙田婦女會例不缺席

得的款項便用來支薪。當時大家一心一意只想「做好個會」，誰也不存私心，班組活動多是免費，一年一度的蛇宴活動也屬非牟利性質，賬目清清楚楚。當時的香港社會並不富庶，作為偏遠地區的沙田，居民生活更見拮据，為了把席券價錢控制到大部份街坊能負擔的水平，理事和義工們親自落場，搣蛇絲、洗菜，甚至煮菜的大廚，都是義工，大家夾手夾腳完成。

至於就職方面，本會也嚴格把關，確保理事都是義務性質，決不擔任受薪職位，這種安排的目的並非為了迎合條例，而是大家都認定本會一心行善奉公，理應杜絕一切徇私的漏洞。

八十年代初，殖民地政府佔據絕對主導地位，當時作為愛國團體而成功申請到政府認可慈善團體，雖不是絕無僅有，也稱得上是鳳毛麟角。賬目和架構清楚明白，固然是必要條件，但本會成立數年間，大至救災扶貧，小至幫農民收成作物，哪裏需要幫忙，一群熱心的女子便到哪裏。雖被當時的主流政治力量蔑視為「左仔團體」，地方政府有意無意，總會多所留難，但只要真正對社區有幫助，本會義工們也願意協助沙田「理民府」（民政署前身）推行民政工作。

榮譽會長黃戊娣娣姐是本會成立時成員年紀最小的一位，在一九七二年只有廿四歲。據她回憶，當時沙田人口不多，政府投放的社福資源也很少，沙田婦女會是為數不多的自發性行善團體，政府雖然不喜歡本會偏向熱愛祖國和服務工人階層的理念，但要與市民溝通，了解民意，掌握民情，也需本會的配合，方能政通人和。

然而成為「八十八」團體只是入門，要真正落實理念，拓展服務，還需多方面的提升。隨着區內的公屋逐一落成，沙田區成為新市鎮之一，本會的服務也從鄰里互助性質，提升至更加專業化的社工支援服務。隨着中英聯合聲明簽署，部份專業人士行使居英權移民，來自內地的新移民則日益增加，加上製造業北遷、樓價飛漲等等，香港在回歸前後可謂轉變劇烈。

在這種環境下，本會的社工團隊抱着以人為本的態度，以問題為本，靈活提供因人而異、因時制宜的社會服務。

經過多年的自負盈虧、默默耕耘，再次應證了「機會是留給有準備的人」這句諺語，在二〇〇四年十月，本會的社會服務部終得到社會福利署委託，推行不同項目的就業援助計劃，接受社會福利署轉介的有需要人士和家庭個案，服務地區以沙田及馬鞍山區為主。

自服務開始推展至今已處理個案數以千計。服務性質也隨着社會、經濟、文化的改變，而作出適合的調整，務求令受眾因為我們的服務而有所得着，並以愉悅的身心更融入家庭和社區，共同締造一個和諧社區。

其他特色服務包括「開心媽咪陪月保姆計劃」、「暫託顯關懷服務計劃」、「綠絲帶行動」、「就業轉介服務」等等，將在另章詳述。

本會社會服務部的成功，證明了愛國愛港的慈善團體雖然規模較小，仍具有專業的服務水平和社會視野，能夠與傳統的大型全港性慈善團體看齊，某些方面甚至更加人性化，更加貼心。

然而回歸以來，社會上認可慈善團體的構成，仍以西方宗教組織佔多數，強者恆強的壟斷趨勢並未改變。愛國團體因起步較遲，規模遠為不及，在爭取會址、申請資助各方面，都處於弱勢，雖有服務社區的心，卻不得其門而入。當然，我們信任這些「高門大閥」，能夠持續為市民提供可靠的服務和支援，但任何行業，競爭才有進步，多元方能蛻變，我們於是向政府投書，希望能把「愛國愛港」加入「認可慈善行為」的定義之中，可惜多年來未能成功。

二〇二〇年初，全球受新冠肺炎疫情侵襲，香港社會雖然穩守不失，但經濟也遭受極大衝擊，眼見未能得到政府資助的愛國團體，既要協助政府抗疫，又要面對疫情帶來的巨額營運虧損，更因社會良心，不能像普通企業般讓職員停薪留職，又不能在政府幾輪對中小企的資助中受惠，可謂四面楚歌，糧盡彈絕，更堅定本會向政府據理力爭的決心，我們在未來的日子，將聯合各方力量，向政府諍言直諫，使更多準備充足，一心為公的愛國團體能獲得資助，理直氣壯，服務香港。

四、婦女權益，路漫漫其修遠兮

「女性地位」、「女權運動」這些名詞，總是不斷出現在近現代的歷史之中。香港作為國際大都市，中西文化融為一體，有關女性的話題也不斷被提及。

行政長官林鄭月娥二〇二〇年在紀念北京世界婦女大會二十五週年暨全球婦女峰會五週年座談會提到，香港的女性在政府體系中「舉足輕重」，時任十九位在公務員隊伍中最高職級的常務秘書長之中，有十三位是女性。

但林太也提到，在今天的香港，女性的貧窮人口和貧窮率仍普遍比男性高，女性的平均收入也比男性為低。

其實在七十年代初期，香港女性的權益和地位，尚遠遠比不上今天。香港六十年代開始發展輕工業，出現了所謂的「工廠妹」，女性才開始踏入職場。但從「工廠妹」這個略含戲謔的名稱已可看出，當時的社會是如何輕視女性的工作能力。

根據娣姐憶述，七十年代初的女性在沙田這個以傳統圍村居民為主的區域，尤其不被重視。當時的女性大多在家帶孩子，家中有老人，就將孩子交給長輩看守，自己上山砍柴，落田耕作，養豬勞作，一天到晚勞碌家務，都是為了幫補家計。更有些婦女要外出打工，除辛勞工作外回家也要做繁重的家務。當然也有小部份家庭環境好的，或不懂也不想做辛勞農活的婦女，孩子上學去，就在家中和朋友打麻雀、傾閒偈，說得好聽點是生活安逸，從另一個角度看，也可說是虛度光陰。由於在經濟上完全依靠丈夫，丈夫貧則全家貧，妻子無法改變困局。

當時本會獲一位熱心農友捐出一塊地方，原本是豬欄，大家一手一腳，改建成多間課室，供會員和義工聚會，並開始舉辦簡單的免費班組，如跳舞班、唱歌班、學習班、兒童班。她們當時的想法尚未來到「婦女權益」、「婦女參政」的層次，純粹覺得婦女「宅」在家中，還不如通過班組和聚會，認識多點朋友，助人互助，開闊眼界，壯大義工隊伍。

結果這隊娘子軍越來越茁壯，到了一九八三年，為適應時代要求，向政府申請成為政府認可的法定慈善團體。其後隨着團隊專業化，除了聯誼和互助，本會把目光放在更長遠、更宏觀的層次。我們訂立了「維護婦女權益、爭取婦女權益、提高婦女地位、爭取社會福利；發揮婦女潛能，參與社會事務；加強婦女團結，發揚互助互愛精神」的宗旨。

一九九五年，我們參與於北京舉行的聯合國第四次世界婦女大會及非政府組織論壇，大會通過「北京宣言」及「行動綱領」兩個文件為今後世界婦女運動奠定了良好基礎，與世界各地婦女分享婦女發

▲九十年代，多次向政府請願要求改善婦女在學業、求職等各方面的待遇。因應中港婚姻增加，亦舉辦相關法律講座，維護女性權益。

展工作經驗。

同在九十年代，本會進行關於「新界婦女在過渡期的意向問卷調查」涉及港人利益，前途信心，保持香港穩定繁榮問題。接受訪問的女性大都認為，中、英、港三方政府及民間團體，都應對香港回歸祖國持積極態度，共同努力，減少港人憂慮。

一九九六年，我們向政府部門提交意見書，要求在沙田設立婦女健康服務中心，其後與各關注團體多番跟進，終促成政府建立瀝源母嬰健康院。

本會亦把握每一次發聲的機會，在立法局辯論香港婦女的社會經濟地位時，本會代表與婦女團體聯席在會議前向議員遞請願信，重申政府不應漠視婦女需要。

回歸前後，本會爭取盡快成立「婦女事務委員會」，為婦女爭取長遠權益，多番跟進和溝通下，二〇〇〇年政府終於承諾成立，期望能為婦女制定長遠的婦女政策及改善婦女地位，落實為婦女制定長遠策略和目標，撥出資源為婦女發展更多不同的福利及服務，更期望婦女事務委員會有更多基層婦女的聲音。

國際方面，一九九八年發生印尼排華事件，據報道超過一百七十位女性受到暴徒強暴，其罪行令舉世震驚，同年我們發表公開信，強烈要求印尼政府制止強暴婦女罪行。

除在議政層面提出訴求、宏觀上幫助政府和各界規劃提升女性權益的藍圖，我們亦身體力行，努力舉辦各類相關活動，從微觀上集腋成裘。

舉辦「婦女領袖培訓」、「香港新里程，婦女齊共創研討會」、「家庭——是社會安定繁榮的基石研討會」、「婦女團體應如何建立公共形象」等等研習形的活動，共同研討，一起提升。

關注到本港婦女職業上仍然面對一定的歧視和偏見，我們舉辦「婦女搵工艱難研討會」，旨在提高婦女技能的發展和培訓。此外，各理事和中心員工時時留意社會上各類相關資訊和培訓活動，積極推薦給同事、義工和會員參加。

公益活動方面，本會舉行「健康檢查日」，為婦女作初步身體檢查，宣揚定期檢查身體、預防疾

▲ 本會鳳艇隊參加亞洲電視舉辦的「亞視盃鳳艇競賽」，在團體邀請賽組別勇奪亞軍。

病的信息。

每年三八婦女節、母親節，本會均有針對時勢，設計不同主題的慶祝活動，宣揚建立和諧家庭，提倡良好社會風氣，頌揚母愛之偉大等等。

為了促進婦女強身健體，本會舉辦多項適合婦女的運動班組，如跳舞班、太極班等。由於有強健的體魄，本會鳳艇隊參加亞洲電視舉辦的「亞視盃鳳艇競賽」，在團體邀請賽組別勇奪亞軍。

五十年深耕細作，半世紀攜手闖蕩，套用先賢雋語：「路漫漫其修遠兮，吾將上下而求索」。可幸的是，多年來本港婦女意識抬頭，女性權利的實踐已處世界前列，國家也對香港實現普世價值十分支持，前路雖漫長，終點遙可望，我們將更加努力，不忘初心，砥礪前行。

五、變革中求發展

世事恆常變遷，變革更是共公行政和社會服務的永恆課題。尤其是在香港，七十年代至今，經歷亞洲四小龍的經濟騰飛、中英聯合聲明及回歸祖國、二○○三年及○八年兩場世界性金融風暴、「沙士」和「新冠肺炎」兩次重大疫情、獲國家納入「大灣區」共同發展藍圖等等，真可謂瞬息萬變。不同的時局下，民生有不同的困頓之處，本會作為社會服務團體，五十年來，一直敏銳地發掘民生問題，甚至根據政經和國際形勢作出預判，防患未然。

七十年代初期，沙田只有二萬多人口，工作人口大部份是務農者，務農者每年要面對颱風天災，然而政府惠民政策匱乏，社會福利只是「殘保」式。社會經濟整體處於起步，政府投入的資源不足，我們於是把工作的核心定於所謂的「三互」精神，即「互相關心、互相幫助、互相愛護」，與區內的居民共渡時艱。

同時因傳統思想，婦女極少參與公共事務，我們通過舉辦各類班組吸引她們走出家門，來到社區，使她們熟習與丈夫孩子或娘家親族以外的人交流和溝通，並在協助救災扶貧的過程中獲得成就感，很快我們的義工團隊逐漸擴大，可以舉辦更大型的活動。

當時沙田人口密度低，村與村之間的居民較少互動和交流，本會於是一年一度舉辦蛇宴活動，使用了整個冬季的每個星期日，筵開二十多席，各村的鄉紳、居民都來參加，濟濟一堂，是項活動成為了當時區內不同村落居民交流的平台。

八十年代初，沙田區興建公屋，大量人口遷入。公屋居民多為基層工人，特點是年輕化、生活模式較為單一和枯燥。有見及此，我們接受民政署的委託，派員工無償管理沙角邨的社區會堂，並借用社區會堂舉行班組，讓公屋居民參加，與此同時，我們的員工也在協助管理的過程中，學習怎樣更規範、更專業地營運一間機構。

終於在一九九三年，我們成功在馬鞍山耀安邨申請到本會第二間中心，也是本會在公屋申請到的第一間中心——馬鞍山服務中心。

事實上，七十年代末本會最初的會址被政府收地拆卸後，一直沒有安排新的會址，成員們後來得到隔田村地界內村長德叔的首肯，興建一所會址（即新田總會），後來卻遭地政署質疑違規，本會同仁據理力爭多年，事件才得以平息。

我們雖不願意揣測當時是部門刻意留難，但港英政府對有愛國色彩的團體多所防範，確是事實。

一九九三年仍未回歸，政府部門內仍存在殖民長官意志，官員即使深知我們一心為公，礙於無形壓力，仍未敢過於親近。本會規模較小，有着濃厚的愛國色彩，能夠在公屋申請到會址，實屬不易。除了我們無償幫助政府管理會堂，打好關係；以及區內社區領袖和知名人士受到我們服務社區的努力所打動，協同向政府爭取之外，本會一直以來植根社區，懂得因應形勢，針對實際狀況推出合宜的服務和活動，也是重要的原因。

在公屋成立會址之後，本會的服務上了新的台階，也面對新的挑戰，自然便催生新的變革。如上所述，公屋居民和七十年代的村民有不同，也有相同，不同的是他們來自香港各區，生活習慣和風氣各異，家庭構成多為夫妻和多名兒女的親子結構，相同的是當時的公屋住戶和村屋居民一樣，重視鄰里互助，不如現今彼此隔閡。

針對此點，本會也推出了新的活動和服務，增設家庭會員制度，突破以往只面向婦女，把層面開拓至親子和家庭服務。親子和家庭支援在當時到現在的三十年，也成為了我們主要的服務專長。

當時公屋的管理自然沒有現今的成熟，邨內設施較為簡單，社區支援也不足，為了能夠進一步深入服務，理事長黃戊娣毅然踏上選舉征途，開展了長達十多年的區議員生涯，其間與馬鞍山服務中心並行，提供各項服務和活動，不少耀安邨的老街坊提起這段時光，仍是津津樂道。

有鑒於當時沙田區居民對康樂活動的需要，本會又成立了瀝源服務中心，主力推出各類班組。在三十年間，本會由最初的歌唱班、粵曲班，不斷審時度勢，推陳出新，各中心到現在的班組已超過一百種，內容也不限於婦女，變成男女皆可，老少咸宜，且各中心同事無時無刻都在與學員導師交流，研討推出新型班組的可能性。近年功夫電影《葉問》三

▲ 在取得首間服務中心後，即跳出聯誼性質，投身社區事務，關注交通、治安等市民切身的議題。

部曲膾炙人口，本會便乘機推出「詠春」班，獲得不少青年朋友的歡迎；又例如谷歌人工智能與中國少年棋王對弈，造成轟動，本會多間中心便在暑假推出圍棋班和兒童編程班，頗受歡迎。

回歸以後，本會繼續爭取在不同地點成立新會址。二十一世紀初，沙角邨的學生自修室結束營運，會址開放給非牟利團體申請租用。我們也希望能在沙角邨開展更多的服務。然而，我們並不滿足於做一個普通的班組和活動推手，更希望能結合社會時勢，研究出切入時政，貼近社會需求的新模式。「國民教育中心」便是這種變革思想之下的產物。可惜的是，當時此類機構並不多，而事實證明，國民教育不足，正是二〇一九年本港受到「修例風波」、「黑暴侵襲」的遠因之一。

回歸初期人心未定，愛國思想與殖民地戀棧情結激烈碰撞。不少市民受別有用心的人煽動，對二十三條立法有所誤解，致使對國家懷有戒心，更不信任特區政府。而國家堅守一國兩制，港人治港的信念，只在面對外來侵擾如金融風暴時出手協助，對於本港內部矛盾，國家對港人抱有耐心，希望港人自行解決。在這種情況下，本會深知加強國民教育，普及基本法是當下所急需，此理念也獲得政府的認同，成功使本會在激烈競逐中脫穎而出，在沙角邨成立「國民教育中心」。

與此同時，香港也經歷了經濟結構的轉型，傳統製造業幾乎全部北移，本港開始轉向金融服務業和旅遊業，加上兩次金融風暴的侵襲，基層打工仔遭受裁員減薪，面對劇變的就業市場無所適從；青年就業方面，大學生風光不再，畢業需接受較低薪水，高中生就更加難找工作。本會在此時投入僱員培訓的行列，以恆安及利安中心為首，各中心承辦正規的培訓計劃，如僱員再培訓課程（ERB）、自在人生自學計劃、展翅計劃等，同時面向青年和中年員工。

針對女性就業不斷增加，本會也舉辦了多期的陪月訓練班，既能協助學員就業，也能幫忙解決工作女性難以兼顧生育的困局。

其他例子還有因超市壟斷，物價騰飛而成立的家家好社企超市；回應社會對環保和綠化訴求而成立的「綠庭園」城市農莊；以及關注到護老院宿位嚴重不足而正與仁濟醫院共同創建中的「安老服務大樓」等，也均是本會同仁洞悉社會發展的應時產物，詳情將在另章探討。

不少創會成員在回憶時慨嘆，本會的發展史，其實就是沙田區、甚至整個香港歷史的縮影，其實這並非偶然。而是本會成立至今，一直秉持初心，以尋找問題、解決問題；預判形勢、防患未然為使命，不斷關注，不斷努力，與社會一起脈動，與市民一起經歷的自然結果。我們期望能把這份休戚與共的情懷一代傳一代，與更多志同道合的朋友攜手合作，永遠守護着香港這個家園。

六、昂首闊步，更上層樓——未來展望和當下自省

經歷了修例風波和新冠疫情，香港仍然面臨重大的挑戰和機遇。如何有效融入大灣區發展，如何應對人口老化問題，如何幫助年輕人重拾信心，都是迫在眉睫的重要課題，也是港人命運的十字路口。五十年來，本會早已與港人休戚與共，未來如何定位才能更加發揮作用，一直是我們夙夜深思的主題。

本會其中一項招牌的公益活動，就是一年一度的長者千歲宴，每年均有數以百計的長者參加，工作人員陪着老人家們歡聚一堂，不亦樂乎。然而不少長者在歡笑之中，眼裏似乎總有一絲落寞和徬徨，令我們深有感觸。是的，香港政府對社區上獨居長者的支援不足，已是全社會皆知的老難題，並非時時舉辦康樂活動就可以解決。

社會人口老化必定帶來安老服務的挑戰，本會與仁濟醫院多年來合作推動長者大樓的興建，已獲政府首肯，接下來將會力推進度，爭取在數年內投入服務，以減輕安老宿位的負荷。

修例風波以來，年輕人對政府的信任跌落谷底，對自己的前途陷入迷惘。本會將會進行一系列的工作，包括正規化、專業化的內地交流團、有關家國歷史的互動工作坊、大灣區就業和創業指導等等，幫助他們走出心靈困境，融入香港社會和國家的懷抱。

這五十年來，經過創會及各屆理事長、理事、代表，以及員工和義工同仁的不懈努力，本會由農村走向城市，從傳統走向現代，從聯誼活動走向專業服務，從專注婦女工作走向全面關注各項社會民生，甚至在政制議題上，我們也為港為國，敢言敢當。然而欲窮千里目，更上一層樓，我們決不能滿足於現狀，必須全方位認真思考，尋找更上台階的方向和機遇，根據國家的良好發展大勢，我們有充份理由相信，這個更高的層次，便是從香港走進祖國。

未來，我們將爭取和內地婦女組織達成合作協議，在服務社區和女性權益上互相借鑑和協作。內地的社區服務機構和香港有很大不同，由政府統一分派任務，也因此服務較為細緻和集中，與政府的合作也更加頻繁。而香港的社區服務機構歸屬於不同團體，一個地區往往有多個針對同一族群的機構，雖然會導致服務重疊，但良性競爭之下，也更能激發營運者創新的動力，使服務形式更加多元化。我們期望通過與內地的婦女組織交流，取長補短，彼此啟發，共同提升。

另一方面，隨着大灣區發展計劃的深化，我們也期待能夠在這個劃時代的藍圖中發揮橋樑功能，將服務社區的經驗和心得帶到大灣區，把大灣區的概念和優勢帶給本港市民，吸引年輕人前往發展，同時給予本港長者一個在廣東各座宜居城市安享晚年的選擇。

我們對前景充滿信心，同時也需要對自身的局限和短板充滿警惕。面對鋪天蓋地的資訊科技風潮，我們深知對各項數碼技術的運用仍然處於較落後的階段。在二〇二〇年，我們成立工作小組，針對現行會員系統、班組報名、學費支付、員工考勤、會員互動等方面作出數碼化改革，一套全新系統將在短時間內投入運作。

硬件方面，鑒於多間中心成立已超過二十年，針對各中心的優化工作也已經啟動。我們積極聯絡社會上有志同行的善長賢達們，期望能用我們熱誠的服務理念和獨到的變革眼光，爭取慈善捐款，對現有的中心作出翻新和針對性的優化。以瀝源服務中心為例，將它改換成一所綜合家庭服務中心的工作正在進行中，將來投入服務後，預計可為周邊數萬人口帶來家庭、親子等各方面的實質支援。

靈活運用社會上各種慈善基金，也是一個極重要

▲本會和祖國早已深深相連，如多個年份的九月均有「毋忘九一八」及保衛釣魚台活動。

的課題。除了傳統的賣旗活動和食物銀行服務，二〇二〇年至今，本會參與承辦多項新的大型慈善項目，包括承辦關愛基金數碼電視更換、賽馬會對失業及收入減少人士的食物援助、社聯劏房戶家居改善計劃、中電全傳心傳電等等，受惠者遍及各個年齡和收入階層。

在架構管理方面，我們將持續向專業化、制度化邁進，對員工的要求將會更加提高，同時也會為他們提供適切的培訓和支援。共同面對挑戰，一起把握機遇，在工作中吸收經驗，培養自信，提升能力。

當然，巧婦難為無米之炊，本會最大的困難，還是在於財政來源不穩。以二〇一九年至二〇二〇年為例，修例風波下黑暴肆虐，新冠疫情政府推出限聚條例，均使本會各中心無法開設班組，收入大受影響，而本會本着社企應有的良心和承擔，並未要求員工放無薪假，更不曾裁減任何一人，財政面對極龐大的壓力，多項發展計劃也因此擱置。慘痛的損失告知我們，本會最迫切的目標，還是要爭取應有的認可地位，成為政府資助的慈善機構，方可更進一步。

我們將夙夜不懈，以事初心。

專題文章

一、沙田婦女會管理——財政獨立及審計

沙田婦女會副行政總監羅婉珮

一、發展模式

沙田婦女會從一九七二年成立至今，在短短四十多年間，發展出六間服務中心、一間社企小型超市、一個環保農莊，及兩個出租物業。總會歷史最為悠久，亦是行政中心，支援各中心發展，亦團結各中心和總管沙田婦女會轄下各單位。以沙婦宗旨履行社會責任，繼續服務社群。六間服務中心大多數坐落沙田區不同公共屋邨。雖然各邨的地理環境及人口分佈各有不同，而不同中心的硬性條件也是各有千秋。社企的經營與農莊管理，更不能一概以同一個管理模式應用之。為了各個服務點能發揮優勝之處，必須時刻謹記，各服務點的「不同」，才是發揮效益的最大優勝之處。我接任沙田婦女會職務時間不長，正在努力完善管理架構，以科學管理方式與時俱進，迎接未來的挑戰。我深感責任重大，深知企業越大，業務越多越負重責。必須進行有效的科學管理，才可相應發展需求，然而我充滿信心可以通過努力，達到目的。

沙田婦女會承襲一向以來的科學管理方式，針對不同中心的情況，配合不同的管理模式。其中一

個比較重要的做法，就是報表的設立。沙田婦女會在各個分管機構設立報表方法，將中心的硬件、軟件資料細化在表格內。包括課室使用情況、班組、活動收支、基金批款、入會人次、義工服務、工作人員出勤，與外界交往，物資一覽，及員工與顧客意見投訴等。每月，中心主任將所有相關資料注入表中，交由總部。由上級部門加以分析，與各中心對比，從而作出科學數據，加以管理。此方法實踐由下而上之反饋，亦實踐由上而下指導，符合科學原則。也可作為對職員進行教育、指導、量度工作績效以致對員工進行獎懲的科學理據。

每個月進行一次的主任會議，讓各中心代表聚首一堂，一方面討論中心大型活動的分工安排；另一方面更為重要：讓各中心、各同事的意見有相互表達的平台及機會。對於會務進行反饋，例如中心硬件維修，又或是擬定聯合活動，供各中心主任交流意見，反映前線問題。前線員工日常的工作，接觸學員、聆聽個案、服務市民，聯繫社區。他們的反饋，正是讓上級制定分工安排，發展機構願景的重要養份。每次會議重點，或有不同，有關管理模式的內容，亦是不斷更新資料，配合客觀需求。

我們推行每年一次集訓營，將主要人員進行一次腦震盪，這辦法已推行十多年，往往重大問題，都是在此集思會得以解決。計劃聯合職員和理事會成員，共同審視一年工作，總結經驗。並聘請學者專題指導，提升會務的質素和員工的工作能力，更能提升所有同仁的凝聚力和事業心，以及為公的價值觀。此外更對員工進行工作歸屬的考核，建立考勤及服務態度量表，對員工進行衡工量值，獎懲分明。相應教育和提高員工的業務技能，服務精神和待客接物藝術。同時中心多次提升電腦程式硬件，以配合日益發展的社會動態。不失時機與工作接軌，進入科學管理的快車道，開足馬力，直奔前程。社會脈搏不停跳動，機構更需要與時代一同進步。除了有穩固的管理基礎，更需要有敏感的思維，開放的胸懷。每一位員工敬業樂業工作，彰顯沙婦尊群愛群的理念，才是真正的與基層同行，與時代同進步。

二、管理模式

沙田婦女會在一九九一年管理沙角社區會堂時，已提出財政獨立管理原則。譜寫了科學理財哲學，一改過去誰大誰話事的做法，是當年的領導層刻意通過此方法，指定以後秉公而科學的用財制度。後來更進一步以審計完善理財，再訂出審計制度。即應否用，如何用，如何用好，成立理財小組跟進管理。進行論證，公平公開裁決用財。發揮小組集思廣益決策，執行上級管理所需，做出科學財政決策。二〇一九年全球爆發新冠肺炎，不少企業受到影響，一或減薪，一或大幅度裁員，一或公司倒閉。市道艱難，市民人心惶惶。本會並非政府資助團體，一分一毫皆靠微薄班組收入積累而成，積蓄四十多年，經營六個中心、一間社會企業，一個農莊，一個社會服務部，一闊三大，開支不菲，養四十多名員工。在這九個月，本會缺乏主要收入，雖有政府保就業計劃支援，面對疫情挑戰，仍能力撐，保住同事一份工作，未出現減薪情況，更未裁一員，實屬難得。

歸根究底，這與本會多年前提出的財政獨立體制，有所關聯。三十年前，本會已決定有意識把財政獨立起來。雖然財政的獨立，是許多企業正常不過的做法。但在三十年前，九十年代，婦女會剛從聯誼性質轉化，逐步走向專業，有意識地把財政獨立，由專職人員管理，直接向理事會負責。避免了主要負責人能直接掌管財政大權，容易造成理財不當等問題。財政獨立，並非財政獨攬財權。而是專人負責，亦要公開「向上級」負責。財政之司，掌管的是一個機構的財政事務，其次，設立特定的小組進行財政決策，讓資源的運用得以恰當、讓資源的進出有嚴謹的監察，才是對社會負責任的做法。

沙田婦女會以市場導向管理經營一間二百多平方米的社企，是向政府申請經費開辦的一間小型超市；也由政府資助近二百萬元開辦一個五千多平方米的環保農莊；出租兩個由婦女會所購置的兩個物業。各個項目性質不同，也必須相應進行不同的管理方法。雖然這些地方都以市場行為進行營運，但也必須注入本會的宗旨。開辦這些項目的目的，都是以提供就業（聘請低競爭力婦女、甚或弱能人士）、提供廉價商品、推動環保、教育親子等社會元素責任。當然也會為婦女會提供資金，所以除以商業經營為導向外，必須注入以人為本的管理哲學理念。家家好超市在初期營運時，長時間虧蝕，就是由於我們沒有經營商業的經驗，險些重蹈大多數社企的命運——倒閉。我們經過多方學習總結出一個營商道理，人才是商品，可以在市場聘請有能力的人才。不過，我們強調，人並非商品，所以必須秉承我們人性化的管理模式。

三、企業文化宗旨

沙田婦女會並非牟利企業，她的誕生這本來就是基於「情」字，用感情凝聚市民及員工家屬、用溫情感染社會、以激情報効國家。我們職員，並非每位都擁有高學歷和經驗豐富的工作強人。反而，是最能反映基層形象的親和力，與廣大婦女打成一片，用公心秉承婦女會宗旨，而更深入為大眾服務。

當初一群創會巾幗，哪個不是務農出身？哪個不是放下鋤頭，就拾起筆桿，一群農村婦女，執意要創寫一番事業。在前人的不斷奮鬥和摸索之下，婦女會逐漸走出自己的發展道路。我們的員工，有單親的媽媽、初出社會的學生、也有雙職母親、新來港婦女等。一如既往，支撐着沙婦運作的動力。職員們，在工作中逐步成長，透過服務他人，建立自信。這正正就是我們本意，社福機構的存在，本身就是為了幫助弱勢，讓他們在工作中提升自我技能，再得以回饋他人，貢獻社會。沙婦的信念：「敬

業樂業　尊群愛群」，與群眾同行，與婦女同行，能聚社區情感，能行於天下。我非常認同沙田婦女會的企業文化和工作導向，我將竭盡全力，以身作則，以優越的工作成績，向沙田婦女會五十華誕獻禮。

管理架構表

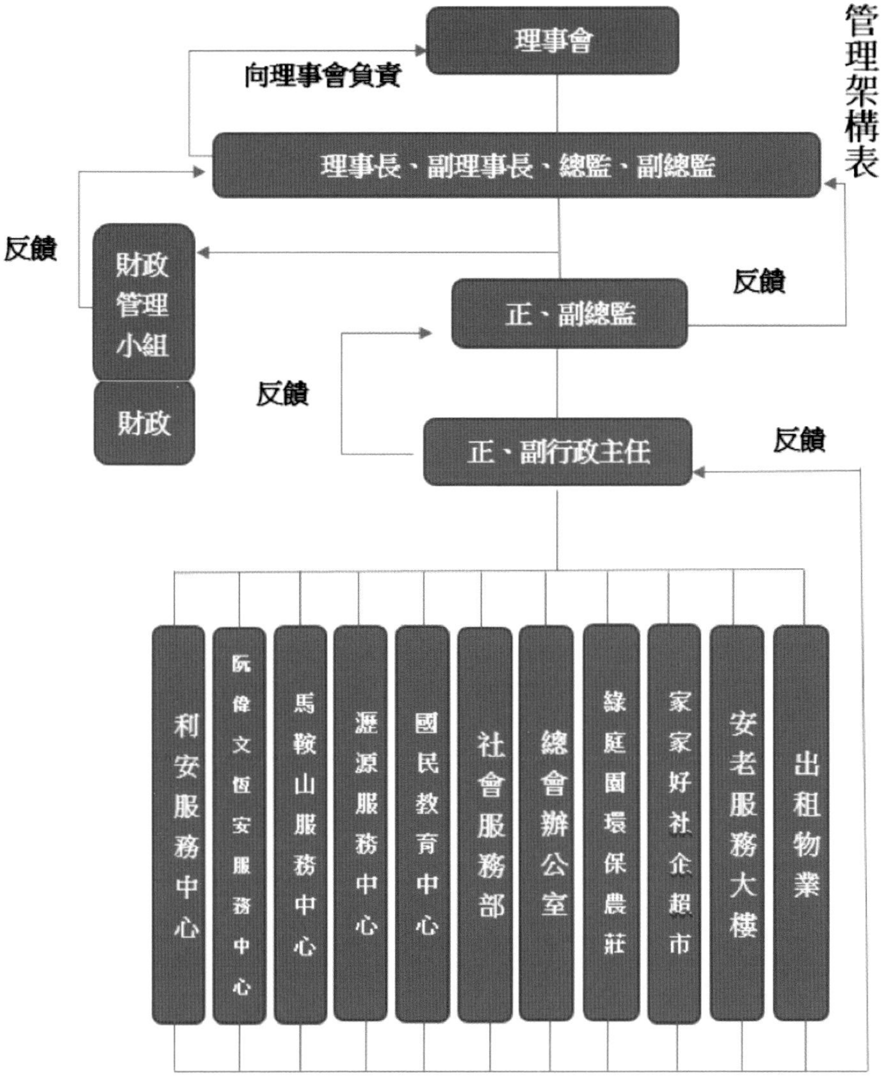

範例：入會人次統計表

時間	(一)			(二)			(三)			(四)				(五)			(六)			(日)		
	空地	大房	輔房	空地	大房	輔房	空地	大房	輔房	空地	大房	輔房	大廳	空地	大房	輔房	空地	大房	輔房	空地	大房	輔房
8:00-8:30							八卦普及										綜合健身					
8:30-9:00	八卦延續																					
9:00-9:30								修身瑜伽										集初				
9:30-10:00				太極A	集D					太極A	集D				Zumba Dance	塑形花班						
10:00-10:30																		集中				
10:30-11:00									鬆筋A										兒童水彩畫			
11:00-11:30					集F			治療瑜伽			集F											
11:30-12:00																	花式跳繩	集高				
12:00-12:30																						
12:30-14:00	午膳時間																					
14:00-14:30		集A			活動			集G			琴師伴奏							兒童跆拳道	兒畫A			
14:30-15:00												鬆筋C										
15:00-15:30		集B													集B	國畫			兒畫B			
15:30-16:00								拉筋A										兒童爵士舞				
16:00-16:30		集C													集C							
16:30-17:00																		兒童K-Pop				
17:00-17:30								拉筋B														
17:30-18:00																						
18:00-19:00	晚膳時間																					
19:00-19:30	立體羊毛氈班	瑜伽A				日文班		集A Sam Sir			瑜伽C							泰拳班				
19:30-20:00					肚皮舞				鬆筋B			花卉										
20:00-20:30													剪髮高班		粵曲B							
20:30-21:00		瑜伽B		太極B 梅師傅			詠春	集A Sam Sir			瑜伽D			太極B 梅師傅								
21:00-21:30																						
21:30-22:00																						

員工工作績效及服務態度評核紀錄表

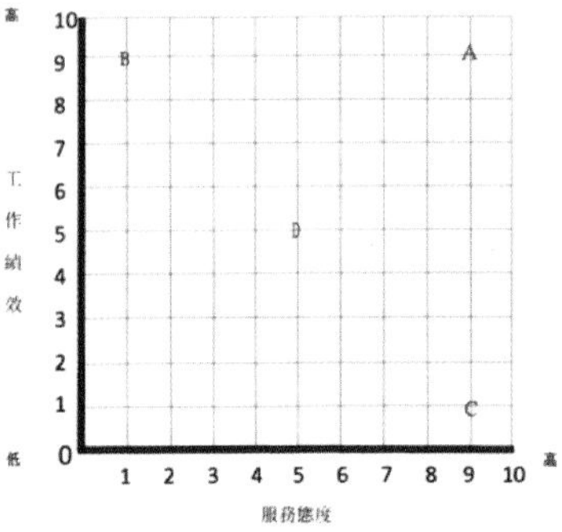

註：

A級員工：績效佳（9分），態度佳（9分）

B級員工：績效佳（9分），服務差（1分）

C級員工：績效差（1分），服務佳（9分）

D級員工：績效一般（5分），服務一般（5分）

範例：員工工作效績表

月份/類別	婦女		菁英		家庭		青年		贊助		總數
	普通	永久	普通	永久	普通	永久	普通	永久	普通	永久	
1月總計											
2月新入會											
2月續會											
2月總計											
3月新入會											
3月續會											
3月總計											
4月新入會											
4月續會											
4月總計											
5月新入會											
5月續會											
5月總計											
6月新入會											
6月續會											
6月總計											
7月新入會											
7月續會											
7月總計											
8月新入會											
8月續會											
8月總計											
9月新入會											
9月續會											
9月總計											
10月新入會											
10月續會											
10月總計											
11月新入會											
11月續會											
11月總計											
12月新入會											
12月續會											
12月總計											
2021年總											
										續會	0
										流失	0
										新入	0

範例：入會人次統計表

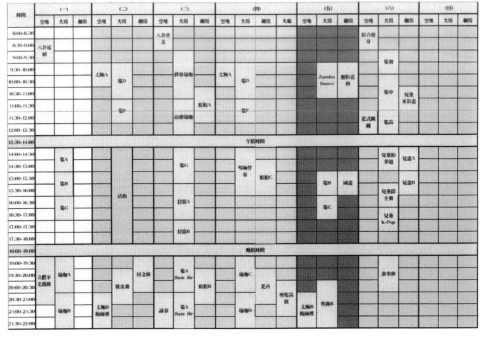

二、從社會實踐中爭取在屋邨建立會所

沙田婦女會榮譽顧問蔡亞仲

使用社會資源——拓展持續發展空間

我擔任了沙田婦女會顧問一職數十年，後來又因捐了一些款項給沙田婦女會，就和其他捐助人一樣，成為榮譽顧問。多年前沙田婦女會的接任團隊，授予我永遠榮譽顧問。我拒絕接受「永遠」，仍然保留擔任榮譽顧問一職至今。我與其他榮譽顧問不同，還要在沙田婦女會打雜。我好似好多工作都識做一點點，或許正如孔子曰：「吾少也賤，故多能鄙事。」—《論語》。沙田婦女會在眾多工種中，爭取會所至為重要，我就在這個方面，將經驗推介一下吧！用以引導接任人，在不同社會的發展階段中，能藉此為鏡審度時勢，去爭取社會資源。雖然房署自從出售商場後，已斷絕此路。但社會發展有各個不同時段的機遇，機遇都是留給有心人的。

沙田婦女會馬鞍山服務中心——千里之遙始於足下

沙田婦女會於一九九三年在馬鞍山耀安邨爭取第一間會所，可說是開了一個好頭。就在當年，沙田婦女會理事長黃戊娣在該區參加區議會選舉獲勝，原因可能有婦女會會所這個載體產出服務效益，所做的工作取得市民認同。取得該議席對沙田婦女會以後的會務發展及進一步在其他區域爭取會所，創造了更為有利的條件。爭取此會所及爭取其他會所，我全程投入協助。在一九九三年港英政府管轄下的房署，能夠爭取得會所。於當時的愛國社團而言，尚算奇蹟，所以引來很多人取經。沙田婦女會爭取會所得到零的歷史性突破，又從此突破的經驗和房署人員建立之互動關係的經驗，傳授給新界社團聯會及其一些屬會。我當時是新社聯副理事長，曾促使該會婦女中心負責人力爭，在大埔大元邨取得第一間二百多平方米的會所。由此掀動了各屬會展開一場陣地（會所）攻堅戰。簡松年律師的相助，改變沙田婦女會的命運。

耀安邨這間會所只有六十多平方米，處於一座公屋二樓平台上，會址是大廈通風格，除主力牆外，並無牆身，但樓底有近四米高。沙田婦女會首次置業入城，其興奮心情難以形容，總覺有點飄飄然。我設計了一個活動間格的課室，一個貯物間和一個接待處。更特意在課室的天花底設計一個約三米乘三米吊櫃，儲放枱椅等較大和較重的物品，用以彌補地方不足。吊櫃雖然聘請了專業人士製作，但我

▲位於耀安邨的馬鞍山服務中心成立誌慶。

▲目前中心提供班組和自在人生自學課程。

都非常擔心總有一天會掉下來壓傷人。所以，我每逢到此地，必細心觀察該吊櫃是否有危機的朕兆出現。但是，始終還是掉下來了，並且壓傷了人。幸好這種事情，只是在我的噩夢中出現過。可以想像社會工匠的身心，都是很疲累的。在此我也作出利益申報，我從來未有承造過沙田婦女會會所任何裝修工程，雖然當年我曾擁有一間建築公司。我只當義務設計匠人和監督工程進行的角色，為沙田婦女會節省很多設計費和時間。

沙田婦女會瀝源服務中心——所引申的科學管理

一九九七年，又在瀝源邨成功爭取到第二間會所，但一度曾考慮放棄，交還該會所給房署。當我第一次由房署職員陪伴去驗收這間會所時，甫開閘門，一股濃烈的發霉氣味撲面而來，中人欲嘔，房署職員立即走了出去。我用手電筒入內視察，天花滲漏污水還在淌滴，牆身發霉剝落。裝修費還沒有着落，心情極不好的我，目睹此衰敗之情境，真有點似進入地獄絕望的感覺。我即向房署職員要求跟進漏水事項，及丈量完物業的尺寸和攝影後立即離去。

這個會址是處於一個非常旺的商場地下，二樓是酒樓，污水就是由酒樓的廚房漏下去的。該會址之前的用戶是沙田地政署用來存冊的辦公室，裝修外觀無疑看上去是標準的政府部門。處於瀝源巴士總站側，會所有二百零四平方米，若貿然放棄，多麼不捨，及顧及將來會絕緣於政府屋邨申請會所之憂。當年沙田婦女會正處起步階段，極缺乏資金，正因此種原因，更引起一些會內負責人怨言。深怕尾大不掉，拖累婦女會。因此放棄該會所之氣氛，格外濃烈。

窮則變，變則通。沙田婦女會的義工和花卉職工總會沙田辦事處的義工，曾合作在婦女會總會會所舉辦多年蛇宴。賺得數十萬元經費，長期由一職員掌握該筆款項。因多年荒廢管理所致，始終在過去調動不到這筆錢出來使用。而且一切收支均由一人處理，已達僭權之地步。於是我建議兩個社團的法人，各派出代表與該理財職員一起組成一個理財小組，聯合管理財政，主要是裁決使用資金。幾經

▲ 位於沙田瀝源邨的瀝源服務中心，提供各類班組和食物援助。

擾攘後，便立即裁決撥出沙田婦女會部份份額中的二十萬元，以供瀝源會所裝修部份費用。再向社區人士籌集了十多萬元，才可玉成此事。因為會所前身是政府部門，很多設施如防火等都合格而沿用，節省了很多裝修費用。

事後害怕得很，若當年放棄了此會所，便不堪設想，沙田婦女會必蒙受極大損失。但壞事變好事，從此沙田婦女會便啟動了獨立理財，組織理財小組審計財政的管理制度至今。以我而言，此理財方法，是一個偉大的創舉。多少企業甚至國家，都敗在理財不公之中。今後必須堅持完善、公正而科學的理財審計原則，以接受未來更大的挑戰。就以此個會所的市值而言，就值數千萬元。若不能爭取政府的優惠租金會所，於一個不以利潤最大化經營的慈善團體而言，絕不能夠立足於天地而為市民服務。能成功爭取得一個如此優質的「名貴」會所，有賴當年立法會議員劉江華先生鼎力協助，否則絕難成事。

然而此會所在以後運作的幾年裏，總是虧蝕。管理混亂，頻頻更換負責人，但普通職員卻未有換過。此事件深受理事會憂心，派出理事駐會監察調查原因。一個月來得出一個結論，已介定職員的好壞。處理了人事問題，情況仍未見改善，看來癥結還未找到，很使人氣餒。更引起一些負責人的合理埋怨，當年不該經營此會所，認為積疾難癒，徒增負擔。直至若干年後利安再爭取一間會所時，卻在無意中將問題解決了。為派出被理事會評為最好的職員支援利安會所去做開荒牛，但是這位職員很快便和其他職員不和。這卻引起我很大關注，因為我在該區當區議員。我立即建議沙田婦女會處理這位職員，隨即調回總會監察使用，後很快便離職。從此，瀝源中心便在無意中逐漸成為沙田婦女會各中心業績最好的會所。也因此事件的影響而促使創立了「月報表」等制度管理各個會所。

沙田婦女會阮偉文恆安服務中心——按準時代脈搏的跳動

恆安邨會所是在二〇〇三年所爭取的第三間會所，約六十平方米。雖然地方不大，但作用很大。坐落在恆安商場中心，多年來業績不錯，起着為市民服務的陣地作用。因位置適中，當年房署曾建議以一幅大數倍的會址交換，唯條件只是較長的租賃期，約滿改為市值租金。但我們為了長遠的市場佔有和持續發展，引申至社會效益因素，決定不作交換。今天看來，此決策正確。由於此會所由阮偉文先生捐出大部份裝修費，成為沙田婦女會的榮譽顧問，會所故以他的姓名命名，以示對支持者的景仰。同時感謝廖湯慧靄女士推薦阮偉文先生和何馮艷仿女士對沙田婦女會作出慷慨的捐贈。

▲阮偉文先生慷慨贊助恒安中心之成立

▲位於馬鞍山恒安邨商場的恒安服務中心主要提供職業再培訓課程

沙田婦女會利安服務中心——洞悉社會的回報

第四間會所在二〇〇五年設立在利安邨，二百五十四平方米。當年我任該區區議員，發覺我的辦事處側有一間棄置了很久房署辦事處，及一些相連間格，共有數百平方米。我即建議沙田婦女會，向房署申請租用此地段作為會所之用途。後來便有多個團體加入角逐，包括教會，開展了一場激烈競賽。很多非政府組織的機構競爭者，都是社區老手，奇招突出，風雲變幻。但房署秉承公平原則，經過協商解決。由於沙田婦女會最早申請，故也得到一幅地作為會所之用。因此會所面積較大，設施功能較多，後徵得多名社區人士贊助裝修費用，故在會所內勒石以誌。

我們為甚麼能夠率先向政府申請此等地方為會所呢？並非撞彩。而是對當時社會發展的趨勢，有了觸覺，有了認知。房署已出售了部份公屋、大量商場和停車場，這樣一個龐大的物業群在短期售出，用人銳減。尤其在寫字樓工作的中高級管理人員，也很多洞悉先機，及早鳳凰別枝，過檔了領匯，位加一等，薪酬猛增。一下子就減員大半，皆因無物業可管所至也。只留下租住公屋小部份物業由房署管理，用人和使用寫字樓就大減了。一個經理就可分管多個屋邨，故在各屋邨都遺下龐大棄置的寫字樓群，都改用面積小成倍的寫字樓辦公，而且寫字樓的分佈也大量縮少。況且該邨商場商舖又供過於求，更有馬鐵上蓋商場應時落成。若將此等棄置寫字樓改為商舖，不但缺乏市場需求，又可能觸發契

▲ 何馮艷仿女士等社會賢達慷慨贊助利安中心之成立，至今銘感！

約違例。故此用作非牟利團體用地，正其時也。因此我們打準了社會脈搏的跳動，申請會所，一擊即中。

沙田婦女會國民教育中心——系統性的團隊智慧發揮

第五間會所在二○○七年爭取，坐落沙角邨商場二樓平台，當年共有六格無牆身的空間，需要自行裝修建牆。很多團體展開競爭，最後沙田婦女會獲批四格共一百二十平方米。爭取這間會所最值一談是其爭取的過程曲折離奇，足可以引為今後作參考之用。沙田婦女會由申請此會址開始，便有很多社區傳言，說沙田婦女會申請太多會所，造成不公。問題在於影響輿論，令一些官員也放聲不推薦沙田

▲ 位於馬鞍山利安邨的利安服務中心主要提供各類班組和職業再培訓課程

婦女會爭取此會所。我們立即調整對策，改變申請會所的用途理由。因此展開頭腦風暴去尋找出路，使政府各負責部門不得不推薦我們所要爭取的會所。

不久又傳出一個消息，區內有一社團，原已差不多得以批出一間數百米的會所，後來也被取消。理由是當區的一位區議員聯同當區的互委會，作出反對批出此會所而獲得成功，而致使此會所被取消。針對以上兩個問題，沙田婦女會立即改變過去的申請會所用途理由，改為申請國民教育中心。這個起着時代歷史性作用的命題，可能是全港獨一無二。政府官員豈能找出理由來説不支持呢？但在成功以後，推薦的民政署專員備受攻擊，一度使她迷惘，並發出怨言，自責走得太前，

▲ 國民教育中心位於沙田沙角邨商場平台，提供各類班組和舉辦國情相關的活動。

並斷言必會以此職位至退休。然而塞翁失馬，焉知非福，不久便升了一級。正值愛國者治港的曾德成擔任民政局局長之職，其中原因是否有關，就不得而知了。不過，我們殷切期盼，愛國者誠心治港的日子快來到。

我們也立即通過沙田婦女會的一位理事，當時她是任職沙角選區的一位區議員。由她聯同沙田婦女會工作人員，與當區的互委會及有關社團打好社區關係，後在該處的諮詢委員會一致投票通過，支持沙田婦女會爭取沙角會所之決定。能夠如此精彩打贏此戰役，有賴及時總結那個失敗社團「飛星傳恨」的經驗教訓，仝仁又曉得「纖雲弄巧」的應對操作方法，始可得以「銀漢迢迢暗渡」的成功。只有沙田婦女會清新的儷人們，才可譜出如秦觀層級的亮麗動人詩篇。

成功再爭取「半間」會所——用心社會再得回報

在此還要說一下另外所爭取的半間會所，以作完整的補充。沙田婦女會最早期在耀安邨所爭取得的一間會所，原本是該座公屋大廈的底部，共四個空間格的即兩格作為會所，其餘兩格為另一間會所為其他社團所用。但該會所在活動一兩年後，便關上門兩三年。我們即向有關當局作出申請，表明若該社團放棄使用此會所，沙田婦女會有意承擔清理有關遺留物而承租。沙田婦女會爭取會所的方程式：吃着一個，挾着一個，望着一個。這壓迫方法時常用在火線上，無疑也促使有關當局監察使用率低的社團，不可浪費社會資源。結果皇天不負有心人，如願以償再下一城。會所便多了一半面積，先後爭取合共得一百二十九平方米，處於前後形態的會所，更能提升會所使用的邊際效益。

沙田婦女會自一九九一年管理沙角社區會堂時，已和民政署建立信賴關係。而當年沙田婦女會屢屢所獲得的好評就是，所管理的會堂使用率極高。今日也以使用率這個理由而獲得政府再一次肯定，所以企業文化必須外樹立形象，內強質素。由於沙田婦女會在長時間和政府建立良好的合作關係，是基於沙田婦女會工作投入認真，數目清楚，為政府機構長期合作的民間團體。因而也開辦一個「社會服務部」，聘請專業社工，專門承辦社會福利署的項目。比如長期承辦「深入就業支援計劃」等，工作趨向社會服務化，深受社會認同和廣大市民支持。

總會整合——順應歷史潮流的調節

總會在一九七八年開辦，政府以一元象徵性收費。總會整合也隨着時勢的發展，從設施以至人事等也進行了多次調整。總會兩層共二百四十平方米建築面積，原設計有二十多平方米之騎樓底是沒有牆身的，後因辦蛇宴而改為廚房，二樓騎樓亦改作擺蛇宴之用。之後才再改為辦公室和課室，供眾多職員辦公和班組之用，及在此增設「社會服務部」。門口也有百多平方米的餘地，可供室外班組之用。

飲水不忘掘井人，若非經過前輩忘私為公的爭取，以今日的樓價之貴而言，絕無能力購置此等會所。沙田婦女會的歷史將會改寫，因為此地也是沙田婦女會的發祥地和龍脈。

▲聘請工人把會址後方屋舍改建為蛇宴廚房

▲ 蛇宴義工合影，為街坊，理事和代表們的家屬都自願出來做義務「後廚」。

▲ 左一為筆者

兩個物業購置的故事——起着調節經費作用

沙田婦女會擁有在大圍村兩個自置物業，第一個物業是會員和群眾捐款購置為會所之用，地方非常小。不能辦班組等活動，又因在居住群的樓宇裏，不能有過多噪音，使用更受限制。後來就出租給人，將收益補作經費，大圍地處旺區，租金和出租率都不錯。至於另外一個百多平方米的物業，二千年代是用很便宜的價格購得。緣起第一個物業我參與義務裝修工作，購置第二個商住物業我已彷彿成為物業義務顧問了。當購置此物業時，一個婦女會負責人向我查詢，問該物業值不值該價錢，我認為該物業已低於市價三成至四成。同區更有大量物業接踵落成，地區必會很旺，物業一定升值，便建議立即落訂金。但該業主拒收訂金，我即建議聘一相熟律師跟進。隨即有十多個人爭奪，大有競投氣味。原來該物業為一教會所擁有，要開董事會決定，一致裁定出售給沙田婦女會，可謂蒙主眷顧。時至今日，物業可能已升值十多倍。這物業開始時也裝修了三十多萬元，以作沙田婦女會大圍服務中心多年，由於營運多年成績強差人意。後經開會討論決定出租以助會務經費積累，成為沙田婦女會抗疫時停業的重要經費來源之一。

後話——濃濃物語細訴心聲

最後，請容許我表達一下心聲。我做了幾十年沙田婦女會的姑爺（女婿），但絕不是入贅女婿。從姑爺仔做起做到老姑爺，無疑是甘心做了數十年的觀音兵，為沙田婦女會衝鋒、站崗。我與黃戊娣婚後數十年以來，我一直以行動支持她做婦女會的義務工作。她對工作之投入，已超越職業參與，進入事業心性質階段。全方位進入角色，只要是婦女會工作，簡直就以魯迅筆下的牛精神去完成，一隻永遠精神亢奮而執着的犟牛。工作全不畏難，絕不手軟。尤其她為婦女會向贊助人開刀那股狠勁，令人生畏。都是白刀子入，紅刀子出。奇怪的是，很多人就慷慨地在她的屠刀下「就義」。好在她那副假啃牙襯托出來具親和力的面容，都會使人感覺永遠不會發愁，也深得內外公眾的認受。她那對工作的投入度，有時都會令到我震驚和震怒。比如說定計劃去一次旅行，到時只為了婦女會有個普通會議要開，就輕易取消旅行計劃。她比一個受薪的人投入更多，我隱隱感覺到，一些沙田婦女會的「資產」，無疑似以她的長期無償工作積賺得來的。今日我們退休了，她在任時沒有薪酬，退休自然就沒有退休金。她在婦女會開辦的班組學習書法，本可享受會員優惠收費，但她仍銳意交付全費。這說明甚麼，只能說明她「很執着」。

過去，有時我會質疑自己，是否成為一個女人背後的笨男人？又想到為何當年不開設一間公司給她打理，我豈不是可以成為董事長了嗎？因此我有時感覺做人好辛苦，我要雙倍努力賺錢養家，又要給錢她去花。無計！一個願挨，一個願打。以上這些想法都是在不如意時出現過，隨即就忘得一乾二淨了。我支持她做婦女會工作沿於自己所追求的夢，一場「社會工匠」和天使的夢。卻令我一朝入夢，終生不醒。偶爾夢醒回到現實，才呈現出另一個景象，「雅頌（亞仲）宇哲，妙諦（戊娣）人生」。至於我對黃戊娣的看法，只能引用西班牙大文豪的兩句話來作概括。塞邁提斯：「汝無理之理令吾理屈以至理所當然傾慕汝容；蒼天神力以星辰鑄就汝之神姿之超凡該當應當之譽。」（《唐吉訶德》）。

我們現在的退休生活，樂琴書圖自娛，品茶花扮優雅。心中還有詩在吟誦呢：「落紅不是無情物，化作春泥更護花。」

三、鑒古知今破迷思 包容理解尋定位
沙田婦女會國民教育中心專題

沙田婦女會國民教育中心主任夏劍琨

二〇〇三年，香港受困於「廿三條」立法風波的政治泥沼，反對派發起號稱數十萬人的大遊行，政府為了平息社會紛爭，於是宣佈擱置「廿三條」立法。其後香港走出了金融風暴和「沙士」疫情的陰影，政治和經濟均漸趨平穩。二〇〇八年，中國舉辦歷史性的北京奧運，香港也參與舉辦馬術比賽，普大同慶，看起來，港人對祖國的歸屬感達至高點。

然而，香港年輕一代與內地的隔裂，是深層次而複雜的。根據多年的社區工作經驗，我們知道表面的經濟昇平，並不代表內裏的危機已被解除。因此我們決定在人心回歸上多做工作。就是在中國舉辦奧運的同一年，沙田婦女會國民教育中心正式成立。

中心成立之初，即訂立了長期的工作目標，除了恆常的康樂班組、公益活動之外，至今每一年均舉辦多場基本法普及講座和國情電影欣賞，希望能讓港人更多了解一國兩制的基礎和內地文化的優點。

中心的成立，使本會的事業踏上新的台階，在原本愛國愛港的地區服務團體性質中，加入了教化民眾，協助中港共融的新元素。

中心的工作成果很快受到社區人士和政府部門的關注，民政署更多次邀請中心協辦國情活動。其中最令人印象深刻的，要屬二〇〇九年九月舉辦的沙田區巡遊迎國慶活動，沙田婦女會數十位理事、代表和義工，穿上了祖國各民族的傳統服飾參加巡遊，讓市民領略到祖國多民族多風俗的文化吸引力。

二〇一九年修例風波，外部勢力再一次全軍出動，煽動極端的年輕人四出破壞公共設施，甚至佔領立法會和大學校舍，肆意攻擊警察和不同政見的市民。雖然國家當機立斷，先後推出國安法及改變

▲ 理事、代表及成員參加民族大巡遊，在當時十分新穎，時任理事長黃戊娣接受傳媒訪問。

選舉辦法，一舉穩定社會局勢，但人心的撕裂，還是需要時間來療癒，就像一個患了重病的人，做手術可以移除病灶，手術之後，卻需要長期的療養。國民教育中心毅然擔當了協助療養的角色。

長期接受西方文化薰陶，加上曾在經濟上領先大陸多年，使部份港人對祖國和同胞存有深刻的誤解和虛幻的優越感。隨着祖國經濟騰飛，其人類文明史上罕見的龐大經濟體量，讓曾經的亞洲四小龍都變得微不足道。香港由七、八十年代引領大陸經濟的主導型角色，變成如今協助祖國影響世界的輔助型角色，深圳、上海等超級都市的崛起，甚至有超越香港之勢。處於這個時代變革的關口，部份港人不願接受這個主導變為輔助的角色轉換，心理上的迷失和落差，就更加容易受到別有用心人士的煽

▲ 國安法推行一週年法律講座

惑，一葉障目，趨向極端。

國安法是對違法行為的當頭棒喝，守住國家統一和社會安定的底線。但我們明白，要化解部份港人心中的不滿，則作為愛國愛港的同仁們必須率先釋出善意。互相包容、互相理解，才能化解分歧、冰釋誤會。

二〇一九年至今，國民教育中心加強了這方面的工作，多次舉辦相關的活動，如國情電影分享講座、與同鄉會合辦中醫講座、派贈抗疫用品、承辦「齊惜福」派熱飯、關愛基金「劏房戶設施改善計劃」等等，活動對象面向年輕家庭和基層人士，期間我們的工作人員聆聽他們的焦慮、意見和期望，不管政見如何，我們都一視同仁提供專業的服務。

本港面對複雜的政治形勢，港人每天均接收大

▲ 國情電影導賞

量信息，容易迷失在所謂「民主自由」、「普世價值」等的道德口號之中。其實，鑑古方能知今，政治的亂局迷思，往往能在歷史中找到理順的端倪。二〇二一年夏天，中心向政府申請撥款，舉行多場有關中港歷史的訪遊、講座和分享會，希望能讓青少年多了解中港的歷史，培養有關方面的興趣。中心同仁深信，只要年輕人願意學習歷史，便不難在眾說紛紜的政治亂局中保持清醒頭腦。說到底，年輕人有理念是國家之福，但理念之外，還需理智、理性，才不易被陰謀家利用，真正造福社會。

另一方面，中港兩地民情有所分歧，其實也來源於文化的差異，我們不能漠視，但也不需過份緊張，而應見微知著，從細處着手。文化差異在世界上無處不在，即使是部份愛國愛港的人士，他們固然在道義上執善而為，但對內地的文化和習俗，其實也充滿陌生。

有見及此，中心為三個本港社區組織和內地其中一個大城市——杭州的社區管理部門之間建立聯繫，促成社區對社區的合作和互訪，了解彼此的城市文化和歷史淵源，分享社區服務的經驗、優勢和不足，加深對彼此的理解。參加是次互訪的雙方社區服務者，均有耳目一新之感。

在未來，我們希望能促成更多的兩地合作，讓越來越多的港人和內地同胞可以互相了解，為港人在國家崛起大勢中找到定位，中港文化水乳交融而盡一分力。

四、沙田婦女會與仁濟合辦之安老院舍及環保農莊概況

沙田婦女會榮譽會長黃戊娣

沙田婦女會一向有一個夙願，擬在沙田建立一間安老院舍。有鑑於香港老人日增，老人院舍極度不足，且服務條件強差人意。本會全仁想辦一間安老院舍，都想盡方法。我們的想法很簡單，只要申請得到批准和建築好院舍，就不必付租金。我們堅信一定能營運下去，有一些租金昂貴的私人院舍也能經營下去，不用支付租金必定會做得更好。將賺到的盈餘，反饋給院友，創造新型的敬老文化，為沙田婦女會樹立安老服務標竿。大約二〇年代，沙田區議會有資料文件登載沙田地區的臨時用地，當時我們夫婦均為沙田區議員，得悉此消息，便走遍了各個臨時用地視察，發現一個天橋底有一幅數千平方米的地方，便由沙田婦女會向政府申請該地段以作為興建老人院舍之用。當局答覆臨時用地不能作為老人院舍之用。並指出多個可作院舍之地段供我們參考。我們所投之石問了路，竟然有仙人指示回路。在馬鞍鬧市有一幅二千多平方米社區用地，可考慮供我們申請。可建上蓋二千平方米共三層，合共六千平方米樓面。經過多年爭取，終於將此幅地預留給沙田婦女會，並得到書面答覆。沙田婦女會即聘請則師繪圖及找建築商打價，當時需款四千多萬元。如此龐大的建築費，沙田婦女會絕無能力

支付，只好尋求社會基金支持和找尋合辦團體聯營。

在進行院舍爭取多年的同時，我們訪問了全港十多間不同營運方式的院舍，也着重訪問一些有代表性的院舍。但服務情況總使人感到揮不去的，老人院友背後的那一抹隱藏的悲涼愁緒。幾年來目睹的一切，都會更使人感到心灰、心碎。很多院舍暮氣沉沉，呻吟聲起。隱約透出令人沮喪的隱臭氣味，縱使院方應我們到訪之約前，格外對地方關照清潔過，但於我這個未入過鮑魚之肆的人格外敏感，也難掩蓋人生悲涼晚照那一度無力殘陽敗象的感觸。因此我們立下決心要改變安老現象，要重寫安老光輝哲學，考慮用專款專用改變安老質素。因此我們更細訪了很多安老專家，其中更有一位資深專家勸我們不要搞安老工作。理由是，從過去數據看安老，不見得好。另外，長期接觸老弱病殘，會使人生變得很灰。雖然他擊中了我感性的心事，但我們並沒有因此而消極，我的目的是化灰暗而激發光輝，照耀尊嚴的人生。

當我們上下求索資金和合作夥伴的時候，當時的特首梁振英下令審視全港社區設施用地，以推動插針式興建住宅來解香港住屋嚴重不足的社會深層次矛盾。他為香港市民謀住所，所做的好事變成我們的不幸，沙田婦女會已經營多年的、卓有成績的、六萬呎的農莊和這間差不多批出的老人院舍用地，正在被抽出來，進入建屋的計劃對象中去，兩個項目都面臨厄運。所申請差一點就到手的老人院址，立即失去改作住宅用地。農莊在一兩年後也被收回，又要想方設法遷址，須付二百多萬元搬遷，因使用過基金，不能再申請同類基金了。農莊會有文章作專題介紹，不在此贅。

沙田婦女會在同一時段，面臨重大的雙重衝擊之下，又要從頭踏上征程苦戰。因此院舍又要重新覓地，我們走遍沙田各個可能建院舍的地方，都得不到要領，事情擾攘多年信來信往，託人協助。上官落府，極力爭取，我們從不氣餒。又幸好馬鞍山區有一個數千平方米之地，原規劃八層的停車場，遭市民反對在插針計劃中起高樓得以成功，而倖存下來的一幅社區設施用地。可建兩棟樓，有八層上蓋，當局允諾撥一棟給沙田婦女會興建營運，每層一千六百平方米。本來大了超過一半面積更為着數，但需要以億計建築費，就更使人失落。根本沒能力啟動，就在此時，政府曾一度反口，要收回沙田婦女會多年幾經波折的老人院舍申請，向社區招標。我們極力反對，並拿出我們多年爭取與政府的有關書信文件佐證。據理力爭，由於證據確鑿，才不被收回。在整個爭取和尋找合作夥伴過程中，政府和合作團體的人事變動性很大，也很複雜、激烈、動態。徒增爭取的困難性，今日我們和其他當年當事的官員，他們有些也退休多時了。不過，我們仍不懈努力跟進，最後成功。在如此高領域上所取得的成功，有賴很多社區人士鼎力支持和仝仁的驚人毅力和智慧付出所致。現在與仁濟合作，合作的商討事項已完成，聯合具名營運，現在已進入建築的階段。沙田婦女會仝仁多年來為老人服務的心願，雖然道路曲折遙遠，終算有了下落。在此，我衷誠向玉成此美事的人士敬禮，謹此對以下人士鳴謝：原新界社團聯會張學明會長、新界社團聯會陳勇理事長和立法會葛珮帆議員。

沙田婦女會綠庭園環保農莊　對農莊的社會認知性

沙田婦女會所經營的農莊，是很值得一提的環保項目。反觀很多團體所營造的社企，已大多數進入倒閉命運。而沙田婦女會的農莊，今日已經營了多年，經受一次搬遷大波折。仍出現欣欣向榮的景象，實屬值得簡介推崇一下。農莊是沙田婦女會二〇一〇年向環境及自然保育基金申請撥款近二百萬港元作開辦和營運費的。目的是將環保意識帶入城市，為市民提供農業實地耕作，以實踐體驗生活，達致環保理念的一個教育過程。在沙田這個石屎森林中，闢出一方綠洲，整理一片淨土。為繁忙的大眾在工餘喘息一下，並在陽光雨露和新鮮空氣之中，享受一下家庭親子樂。今日回轉過來看前塵，紅塵舊事驗真知。當初有多種環保項目可供申請，沙田婦女會選擇了環保農莊，而在當初是一個遙不可及的概念。當時社會人士並不看好，但我們反覆論證，認為可行的看法理據就是，沙田有七十多萬人口，城市規劃已定，就是缺乏一個具規模的農莊。人口密集因素，首先就有市場客源需求。其次是，並無剩餘的未發展鄉郊土地，如上水、元朗、屯門等。況且農莊用地是政府臨時之地，幾乎不必交租。

地方面積有六千多平方米，地處馬鐵站的欣安邨對面，面積大固定成本低，使用方便。地方平整，夕照充足且有山澗水源補充。因此農莊被沙田婦女會巾幗們，對社會潮流充份認知之下，落錘正確玉成，無疑是追上時代的弄潮兒。生意如春前草，輪候人達數以千計。盛況空前，連當時的特首也來為農莊開幕主禮，民政局局長也來視察。反而其他團體，甚至批評農莊項目的人也大跌眼鏡。相反，搞其他項目的申請者，相繼用完開辦費和行政費便告壽終正寢。至於農莊的爭取，在此感謝立法會葛珮帆議員的協助，始能圓滿成功。

農莊的社會需求性

但好事多磨，我在另文提及因梁振英特首在當年審視全港社區用地建屋，此農莊理所當然入選。香港市民因住屋有幸，而婦女會的農莊卻遭逢不幸。但我們不負市民之願，又不願就此失卻此幅已入佳境的優之良品。於是展開上天入地求索，尋尋覓覓農莊搬遷地。沙田民政署極力協助，找遍了沙田各個角落的政府土地。終於在沙田亞公角村側找到一幅政府存放物資地段，雖然地形不集中，也有五千多平方米。但問題在於搬遷費需款二百多萬元，因當初此項目已動用過政府基金。不能再用此方法申請款項，只好四處找尋社會基金。然而收地風行雷厲，一時令人喘不過氣來。最後，沙田婦女會惟有將多年積累的老本二百多萬元，撥作農莊的搬遷和開辦費用，才令農莊持續發展下去。試想，在沙田這個發展成熟的城市裏，土地寸金寸土。第二次使用如此大幅土地，怎能沒有阻滯呢？開始時，有二名關鍵土地去留的諮詢人士，持有不同支持態度的傾向，但經過多方協商，終於圓滿解決。在此成功的過程因素中，我認為沙田婦女會本身公正的社會形象取得很高的分數外，更有賴沙田鄉事委員會吳錦貴主席的鼎力協作是分不開的。

農莊的自然教育性

農莊由舊址搬入新址，因拆搬和新址開辦的做田工程影響停辦了一年多。上屋搬下屋，無了一籮穀。最慘是原有一百多名「顧客」及一千多名輪候者，因現時農莊地段較以前的不方便及各種原因，續租田者驟降一半，只得數十人。一度經營下降，落差很大。有些成員認為得到手，未必好。得不到，不用做。又差一點點就失卻了這個農莊，也説明了創業不進則退的規律。現在通過努力更新，並推動環保太陽能設施，收益已漸入佳境。深信不久將來，再加強專業管理和擴大專業服務，不但可重現昔日光輝，更會繽紛四放。現在，你可以在農莊裏，看到一幅幅動人的畫，和一首首傳情的詩。正在描繪，也在吟誦。父母帶着孩子在農莊耕種的情景，既溫馨又窩心。孩子給大陽曬得滿面通紅，健康可愛的樣子。使我時光隧道回到從前觸目是一派范成大的田園雜興景象，想起兩句詩：「童孫未解供耕織，也傍桑陰學種瓜」。我看到另一邊有位長者，剛將田裏恍如菊花的一束菜摘在手裏，又構成了一幅詩意人生的畫，不期然的使人吟誦起來：「採菊東籬下，悠然見南山」。

農莊真的是能使人與大自然溝通之園地，是一片可洗滌心靈的福地。不但可以令人抒心緩體。更

▲ 綠庭園顧問鄺錦榮先生悉心指導農友

▲ 為市民提供一個共享天倫的絕佳平台

能治療心結，可從兩則事例説起。有一長者因丈夫辭世影響，憂懷終日多時，精神與健康委靡不振。後受到田園氣息的召喚，租了一塊田過下日辰，受到田園氤氳的滌蕩。在大自然的感召下，「眄庭柯以怡顏」，「園日涉以成趣」。在那以後，竟把病者感染成為一位浪漫快樂的田園詩人呢！另一則有兩夫婦長者，妻病日久，深感人生灰暗，意志消沉。夫照顧維艱，也深感乏力，後由朋友引去農莊種植曬太陽。幸闢此蹊徑，因受田園陽光的普照，驅除黑暗病魔。今日不但身心快樂，攜手農莊，並種點有機蔬瓜，純天然食物，更利健康；研究一下種植理論和心得，正在得趣呢！農莊時常沉浸在一片嘻哈笑語聲中，小朋友從虛擬世界遊戲機的無邊苦海之中，掙扎返回開花結果的自然科學實踐中來。親

▲ 農莊內定期舉辦各類種植知識講座

歷其境目睹一粒小種子從出世至入世的往返歷程。從中領略造物的神奇，通過實踐辯證得真知。對於一個從來不知一棵瓜菜怎樣生長的小朋友來說，目睹和親身體驗一粒種子萌芽、成苗、開花、結果的自然生命歷程。無疑是一堂生動的自然科學教育的過程，和主觀的配合起到的互動作用，那就是自然科學哲學的概念。從中也可在農莊教育的課程中，釋出綠色環保真諦的信息；及對大自然愛護和敬畏之心，認識人類命運共同體之心。

五、家家好社會企業營運有感

沙田婦女會會長蔡蕙芳

「它」，既無左鄰，亦無右里；沒有耀眼的霓虹招牌，也沒有裝潢華麗的門面。「它」，靜處於一幢公屋底部的一爿，人流稀少，看來有點兒孤獨。然而，說起「它」的名字，附近街坊都會認識，且每天都會到訪，「它」就是沙田婦女會轄下的一間社會企業——家家好超市。家家好超市位於馬鞍山耀安邨耀和樓地下，佔地二千餘呎，由二〇〇九年開始營運，至今已經十二年。由最初連續三年虧損到現今每年均有盈利，箇中經歷，跌宕起伏。雖然如此，亦無阻我們服務社區的決心，繼續用心經營，不忘初心，履行「取之社會，用之社會」的社會企業理念。

猶記得當初申請社企項目時，目標是一間四千多呎的健身及按摩室，雖然已覓得理想地方，但最終遭到否決；惟有再訂定新的申請項目及物色適合的地方。原本計劃在家家好現址開辦甜品店，但也遭到反對，理由是甜品店無需二千多呎地方。經過多次研究討論，最後決定開設小型超市，原因是沙田婦女會有位同事曾在糧油店工作，有相關的網絡及經驗，亦得到一間經營超市的公司加以指導，提供裝修設計等意見，並獲得政府「夥伴倡自強基金」批出近二百萬元開辦費。

基於缺乏相關經驗，家家好開業多年都虧蝕。我們嘗試各種經營方法，如向會員大力宣傳、發動本會仝仁家屬支持購物，更發動義工幫忙送貨；又增設鮮果部，聘請專人負責，動員義工用自己的私家車，去果欄揀一些新鮮生果第一時送到家家好，否則，若由果欄送貨，都會收到一些較不新鮮的生果出售，真是力不到不為財。但增設鮮果部乃是主觀願望，實際上經營業額仍然虧蝕，只能慨嘆一句：真不是做生意的材料！眼見各區有些社企相繼結業，我們也經過多年的折騰，身心疲累萌生放棄之念。

但我們心有不甘，店鋪是申請到房署優惠租金的，為甚麼不能生存？後來領悟到，用做社區的方法應用於商業上是不可行的，只有以市場需求理念才可生存。商業人才是最關鍵的原因，因此我們不斷調整用人的方法，以市場價格聘請有商業才能的人去經營。就以商品數量來作為一個分水嶺吧！（商品由二千多種增至五千多種）在只有二千多種商品時，生意額仍然虧蝕。但逐漸增至五千多種商品的空間中，就開始轉虧為盈了。雖然我們是「外行」，但實踐得真知，商品的需求和價格才是經營之道。記得當時家家好的商品種類並不多，不能滿足顧客所需。顧客來購完物後又要去其他超市補充，被動員去家家好購物的會員都有此怨言。想起當初頭頭碰壁的經營手法，家家好現在能轉虧為盈，真是得來不易啊！

雖然我們沒有相關經驗，但我們堅信，在優惠租金的先決條件下，以薄利多銷的手法去經營，使市民大眾購得廉價的商品之餘，亦為日後回饋社區儲備更多的資本。況且家家好體量小，轉彎快，避重就輕的去與集團式的大超市較量，巧妙地、精心地搜羅一些稀有而平價的商品，供街坊選購，真正做到「平靚正，益街坊」。

▲ 家家好成立以來，不但貨如輪轉，更成為區內街坊聚腳好地點。

家家好社企管理心得

家家好經理鄧潔美

駒窗電逝，已經踏入第十二個年頭。

二〇〇九年開業，首兩年均錄得驚人的虧損，當踏入家家好視察新的工作環境時，眼前出現的是空曠、產品重複、沒有客人、同事多過客人的畫面。

仍記得初見老闆的一席話：「希望可以把它轉虧為盈。」

社會企業最困難的是要做到雙目標：自負盈虧、達至特定社會目標聘請弱勢社群；根據審計署報告，就業展才能計劃於十二年間獲批的社企有八十一間，當中有二十四間已經結業，其餘的四十五間有 半是虧損。

綜觀家家好的問題大致有四大項：第一貨品種類太少、第二囤積太多過期貨、第三定價太高、第四太少人知道家家好的存在。

所以先要拆解以上的四大問題；增加店內貨品的種類，不可局限在單一貨品上，要不定期站在前線了解顧客群的喜好，分析銷售貨品的數量及種類，汰弱留強；透過不同的網上資訊、市場上的監察、不同店舖的觀察，綜合受歡迎的項目再加以搜尋，不同階段增設不同地區的貨品，例如有台灣產品、日本產品、韓國產品等等，定期添加不同的產品吸引顧客的眼球而增加人均消費。過往人均消費只有二十至三十元，現在已增加至一百至一百五十元。於二〇一〇年期間貨品項目只有約二千項，截至二〇二一年四月底，貨品項目已超過五千項。

其次是太多過期的貨品囤積，只會增加家家好的虧損，必須更換及找尋新的供應商，找尋一些可提供換貨或退貨服務的供應商，更要貨比幾家，因為產品的供貨價差別可以達到百分之十五或以上，所以要透過很多不同的渠道尋找不同的供應商減低貨品的成本，用以降低銷售價；再者密切留意貨品的食用期限，快將到期的以促銷形式出售，以減低損耗。

定價太高因為太少供應商選擇，所以花很長時間尋找過百個供應商供貨，當銷售數量提升時，議價能力便更高，供貨價自然隨之而下降，定價亦大大降低。同時亦需要到不同的大型連鎖店格價，務求做到「唔好賺到咁盡」的界線。

最後是令更多人認識家家好，透過不同的渠道免費宣傳家家好，以最有限資源達至最高的成本效益。十年前曾經在邨內隨便問問「家家好」的位置，二十人當中有十五個都不知道有這社會企業的存在，雖然在邨內燈箱有家家好的廣告牌，不幸的是地點不顯眼，沒有知名度，人煙稀薄。之後透過不同的人脈，接觸不同的捐贈者，並定期於節日期間舉辦不同的活動，包括有：端午節派糭、農曆新年盆菜宴、懷舊食品同樂日、家家好十週年活動、中醫義診及上門探訪老人家等等，這等活動均邀請不同的影視紅星參與當中，目的是透過不同的傳媒把活動消息發放出去，增加更多不同的顧客群，亦可增加知名度，至今相信在邨內範圍不認識家家好的人應該寥寥可數吧！

至於最關鍵的是營業額由二〇〇九年每月增長至今每月高達七成以上。數字增長簡直匪夷所思！所以十幾年內經常被問到：「怎樣把它轉虧為盈」？除了以上環環相扣的因素之外，經常抱有一個自我問責的心態去處理所有問題，花心思去把「它」灌溉，當你看到成果的時候那一份成功感是不能言喻。

精心運用工作時間，希望「勤奮的人是時間的

▲專業管理下，家家好營運得井井有條，不遜於大型連鎖超市。

主人，懶惰的人是時間的奴隸」這句話能夠簡單的解答慣性的問題，還望家家好承諾往後繼續成為主人，妥善規劃時間，悉心經營社企，攜手為機構持續發展而努力。

六、義連班

義連班創會主席（媽媽）劉建玲

翻開了媽媽的舊相冊，一幀幀舊照映入眼簾。

第一張相片是攝於二〇〇五年的貴州黃果樹瀑布，在恬靜的藍天青山白水的襯托下，瀑布顯得份外澎湃、有氣勢……當年，媽媽的樣子很青澀！

第二張是二〇〇六年的湖南，媽媽和她的朋友在鳳凰古城上遊遊走走，泛舟湖上……年輕的氣息，頓時為古城添上活力。

第三張來到二〇〇七年的西安，翻了數頁，有排列整齊壯觀的兵馬俑、內庭天花中通見天的黃帝陵、黃沙滾滾的黃河壺口瀑布、巍峨的華山……

媽媽跟我說，這是我們的國家！要認識現在的自己，必要先認識「我和我的祖國」。

也許是因為這個原因，媽媽在二〇〇七年便和相中的哥哥姐姐一起組織了青年組織「義連班」。

二〇〇八年秋，第一屆執行委員會成立！哥哥姐姐們在典禮舞台上亮麗出場，嚴肅宣誓。相片中看到媽媽在演講台上演講，她在說甚麼呢？

揭着相冊，又是一幅幅錦繡山河……十多年來，「義連班」足跡走遍了湖北、福建、四川、廣西、山東、上海、內蒙古等一片片親切的土地。除此以外，相片中的哥哥姐姐們更組織在一起，舉辦了各式各類的領袖培訓、義工服務、國民教育及康樂活動。呀……我看到寶叔叔、鵬鵬叔叔和卡文姨姨穿着整齊的制服，在「青年領袖培訓計劃」中教導參加者紮木筏，下一張相片的他們已經在大海中心；還有昇叔叔和媽媽着起西裝一起主持「共和國歷程印記十大事件選舉發佈會」；一、二、三、四……五十九、六十，嘩！當年帶媽媽去貴州的娣婆婆帶領着六十位青少年參與「中華人民共和國成立六十週年」氣球飛翔活動，喻意國家起飛……

揭着揭着，相片開始疏落了，一張張熟悉的臉孔也漸漸不見了……

我嚷着要繼續看媽媽的照片，媽媽説青年工作是要一代傳一代的，才可以延續下去。後來我看到世榮叔叔（第二至第三屆主席李世榮）和肥肥哥哥（第五屆至第七屆主席劉德榮）承傳了「義連班」的工作，相中更出現了許多新臉孔。我看到冰冰姐姐在「傑出運動員選舉中」頒獎給得獎者；這張相不是俊俊哥哥嗎？他在「傑出小學生選舉」中表演他「拿手」的詠春；二〇二〇年新春，正哥哥在迎海天橋上為街坊寫揮春這張照片，為這本相簿暫時作結……

翻着媽媽的照片，我看到一幅幅美麗難忘的景象，更感受到相片背後一幕幕真摯感人的時刻。

這一刻，我彷彿聽到了媽媽當年在演講台上的演講的內容。媽媽說，和一班志同道合的朋友一起去幹一件事，是熱血的；和同一班朋友去幹同一件事，一幹就十多年，是瘋狂的。但她還不時捧着這本有重量的相冊在傻笑，不知道叔叔姨姨們看到自己的相冊，有否追憶曾經年輕快樂的時光呢？我還小，似乎有點事我還未明白，但願將來的我，也擁有一本屬於自己的「義連相冊」。

當我準備放好這本相冊時，突然跌出了一張貼滿心心的照片：「二〇〇八年情繫祖國、延續愛心——雲南交流團」中爸爸和媽媽的合照！

義連班簡介：

義連班乃沙田婦女會旗下的青年團體，透過沙田婦女會舉辦的交流團起家，於二〇〇八年正式成立，並於二〇一〇年成功申請為獲豁免繳稅的屬公共性質的慈善

▲ 義連班桃李芬芳，惠澤社會。

機構。

全賴沙田婦女會紮實的社區關係和網絡平台，義連班多年來面向青年，亦面向學校、福利團體及國內機構，在此兩者之間擔當橋樑角色。透過聯繫義工服務、青少年培訓及國民教育，加深青少年對香港及國家的了解。未來無限，義連班期望繼續發揮青年參與社區服務及認識國家發展的功能，從而提升個人的公民意識及國民身民認同。

義連班桃李芬芳，惠澤社會，為沙田婦女會和社區造就大量人才，發揮能量承傳薪火，是為頌。

七、社會服務部的緣起

沙田婦女會社會服務部主管梁錦添社工

社會服務部於二〇〇四年十月開始投入服務，初時集中處理及接受委託由社會福利署社會保障部推行的「自力更生計劃」。隨着社會不斷轉變，尤其就業情況有起有落，這項「自力更生計劃」即提供就業輔導給予綜援受助家庭個案，亦就時勢更改名稱，至二〇一九年改稱「就業支援服務」，服務內容隨着申請人的背景等更為豐富和到位。另服務的區域亦由早年的沙田「南區」改變至二〇一七年的馬鞍山區。

服務的內容

自二〇〇四年由社署轉介至本部處理的個案宗數逾四千七百家庭，其中約三成為單親家庭。一般綜援個案，問題不單顯現失

業和經濟困難，還有：精神/心理困擾、身心症（心理因素引起身體器官疼痛）、子女管教問題、婚姻欠協調、暴力家庭等經常出現。所謂貧賤拗頸多，家庭成員備受考驗，容易衍生信任危機。

本部社工團隊一貫重視服務必須以人為本、以客為先、救急扶危、當仁不讓。

推廣「和諧家庭」意識

致力推廣家庭和諧，並在每期本會的會訊設立「藍天信

箱」欄，報道真實個案，加以分析，鼓勵大眾關注家庭問題。及早提出困難，尋求解決，是避免家庭悲劇發生的不二法門。

參與社會福利署沙田區「綠絲帶」關懷社區行動，訓練「關懷家庭大使」，探訪區內弱勢家庭，包括新來港人士、非華裔家庭（即印度籍、巴基斯坦籍、泰國籍、印尼籍）、甚至雙程證的母親和受虐婦女，建立社區支援網絡。

藍天信箱（實錄）

最近收到來函頗多，涉及夫妻不和、親子關係問題，引致個人精神健康欠佳，家庭生活並不和諧。以下記錄數篇，內容真實。為保障私隱，所有人名皆是假的。

第一則：

本人老杜五十八歲，有老婆及兩名兒女，在公屋居往，本人是户主。我舊時駕控鑽地車，在地盤工作，月入萬五，收入不錯。老婆是主婦，兒女求學中。我好兩杯，平時與妻兒少説話，關係平淡。兩年前我無工開，老婆搵份護理員做兼職，每月收入四千。不夠，老婆日日嘈，最後要離婚，趕我走，連子女都不理睬我。我申請綜援，同時抑鬱。有人叫我問藍天信箱怎救我。

杜先生你好。聽到你的遭遇，我的心情沉了一陣。人有三衰六旺，目前搵工確實不容易，尤其年紀超過五十五歲，學歷普通。倘若身體健康不差，還可讀個保安牌，做十二個小時，取六千餘。不幸之前過勞，便無法擔任勞力勞時的工作了。讓我給你一些忠告：減少杯中物，再飲必會更愁，無人鍾意酒醉漢；提起精神，忘記灰色的昨天，積極搵工賺錢，重建自信，我們會幫你。

後記：杜先生後來親自到本辦事處，由社工接見，讓他盡訴心事。老杜身着殘舊衣服，混有異味，稱與妻子不和，更曾遭拳打，故在公園留宿。社工取得必須家庭資料，獲杜先生同意，立即進行家訪。幸運地獲得李女士（杜太）接見，承認夫妻不和數年，起因爛醉，欠家用，兒女不值父親所為。曾動粗，驚動警方，最後惟有離婚，並取得居住戶籍權。社工花上半天，終於說服李女士暫給杜先生居住。社工隨向房署為杜先生申請中轉屋，日後再上摟。杜先生後來獲得綜援支持，在社工協助找到兼職駕控鑽地車司機，開始展露笑容。此個案仍在處理中，雖然破鏡難圓，仍希望杜先生重見藍天。

第二則：媽媽的苦惱：

「怎好？我每次到家舍接她回家度週末，就有恐懼感，真不知如何與她相處？」

這位母親的困擾，非比尋常？她的女兒發生了甚麼事？

據母親憶述，女兒於五歲時已確定患上「亞氏保加症」，特徵是專注力不足，固執行為令母親精神崩潰。女童目前九歲，就讀小四，自從入住兒童之家一年後，母親壓力減少。週一至五由家舍照顧，接送放學，情緒及紀律稍為改善，定期到大埔那打素醫院見臨床心理學家。

但母親仍感到有壓力，特別是回家後，女童與弟弟不和，經常打架，女童曾表示要殺掉弟弟。當參加户外活動，每次都弄出不愉快場面，令父母不知所措。陳女士的丈夫失業一年，丈夫與女童關係較佳，因為丈夫肯與子女玩耍，但陳女士完全沒有心情投入，而陳女士表示自己與丈夫婚姻關係冷淡，甚至想離婚。此外，女兒入住家舍後，成績比以前低落，陳女士感到內疚，沒有能力教導女兒功課。陳女士更經常失眠，有抑鬱症傾向。

陳女士尋求藍天信箱協助，重整家庭生活：

一、陳女士應學習認識女兒之情緒行為模式，避免與女兒直接衝突，宜因勢利導，建立親密關係。

二、陳女士須接納兒童之家支援，對兒童紀律之控制有積極幫助，並能達到紓緩照顧上之壓力。把對女兒成績退步之憂慮與兒童之家社工商討，同時，亦可尋求學校之協助，額外安排功課輔導。

三、陳女士可善用週日時間進修與子女溝通的課程，改善與丈夫之關係，共同合作處理子女之管教問題。例如：參加社交活動前，先與女童進行預備功夫，訂定行為準則，獎懲協議。

凡事無須執着，當局者迷，有疑惑便嘗試找信任的人士請教，不可暴力惡言相向。家和萬事興！

「沙田區中學生期盼親子間的十句關心說話」調查報告二〇一二年

本部有見家庭親子關係的重要性，邀請香港理工大學應用社會科學系陳沃聰教授，以及本部社工同事協助，於二〇一〇年開始策劃、籌備、聯絡沙田區內中學校長、以及各項專業性的討論和安排，終於二〇一二年秋季完成各項調查報告，希望有助分析及深入了解家長和子女溝通的重要性，以備日後策劃輔導和活動的參考資料。

有關調查報告書文本現存各大學的圖書館，亦於本會備用。

其他支援社區的服務，包括和香港社會服務聯會合作的項目

一、香港中華煤氣公司主辦的「單親煤氣優惠計劃」，和「低收入煤氣優惠計劃」，經本部協助申請成功達一千七百五十宗家庭。

二、另本部亦協助「有機上網」基層家庭學童上網服務優惠計劃，曾為四十家庭成功申請廉價上網，解決財政困難。

三、參與環保「惜食計劃」

於二〇一二年獲環保團體「BRACE」邀請參加「惜食計劃」召集義工及有心商戶，在大圍、沙田、馬鞍山及展開收集將棄食的蔬菜、生果、麵包等達九百五十公噸，揀選及分配給有需要家庭七十七萬人次。

整個「惜食計劃」，獲得學界的留意，尤其中學同學由老師帶領，前來跟隨義工隊出發往市場收集食物，並協助分發給有需要的家庭，富有環保及惜食的教育意義，保衛地球。

八、沙田婦女會僱員再培訓課程紀事

沙田婦女會阮偉文恆安服務中心主任陳偉耀

一、僱員再培訓局的成立

九十年代香港經濟正值轉型期，大量製造業職位北移，很多僱員面對失業的威脅。政府於一九九二年成立僱員再培訓委員會（在一九九四年正名為僱員再培訓局 ERB），協助最受經濟轉型影響的中年低學歷及低技術人士，藉再培訓重投就業市場。早期的再培訓課程為短期全日制課程，以教授職業技能為主，並設有再培訓津貼及就業跟進服務。及後，ERB 增設半日及晚間制基本技術課程。

一九九八年亞洲金融風暴，對香港經濟造成沉重打擊，失業情況持續惡化。ERB 大幅增加培訓名額，以回應社會對再培訓課程的需求。在一九九七年至一九九八年度 ERB 的培訓名額約六萬個，至二〇〇一至二〇〇二年度已突破十萬大關。二〇〇三年「沙士」疫襲，本港經濟更是雪上加霜。ERB 積極配合政府為各行各業僱員推出一系列支援措施，包括統籌推出「技能增值計劃」，額外提供一萬七千個培訓名額。隨着 ERB 服務範疇的擴大，ERB 現時每年提供約十二萬個培訓名額。

二〇〇三年「沙士」肆虐，對我們的經濟和就業市場造成沉重的打擊。當年推出的四億三千二百萬元紓困措施，開創約二萬一千五百個短期培訓名額及職位，其中包括一萬個技能增值計劃名額，為受「沙士」影響行業的失業或停薪留職僱員提供培訓，所有新開創的職位都已填補。

受二〇一九年社會事件及二〇二〇年新冠狀病毒疫情的影響，訪港旅客量大跌，重創本港經濟及旅遊業。培訓局針對各行業中面臨失業及就業不足的僱員，推出「特別．愛增值」特別培訓計劃，計劃於二〇一九年十月推出第一期「特別．愛增值」計劃，為受經濟不景所影響的僱員提供為期兩至三個月的綜合培訓。第一期計劃於二〇二〇年六月截止報名後，再培訓局再於二〇二〇年七月推出經優化的第二期計劃，提供約三百項課程，涵蓋二十八個行業的「職業技能」、「通用技能」（包括英語、普通話、資訊科技應用及個人素養），以及「創新科技」課程（包括人工智能、區塊鏈、網上創業等）。學員在接受培訓期間會獲提供特別津貼。計劃對學員的行業或學歷不設限制，並設有全日制及部份時間（半日制／晚間制）上課模式。完成全日制「職業技能」課程的學員可獲就業跟進服務。再於二〇二一年一月推出第三期計劃，讓二萬名學員接受再培訓。此外，再培訓局會繼續透過恆常性培訓課程每年提供的約十四萬個培訓名額，協助失業人士重投職場。

二、相應之措施

在二〇〇〇至二〇〇一年度開始進行學員留職率調查，掌握學員在就業跟進期六個月後的就業狀況，為規劃課程及服務提供參考數據，確立培訓與就業掛鈎。

於二〇〇二年推出「家務通」計劃，免費提供一站式本地家務助理轉介服務。於二〇〇六年，ERB再開展「保健通」計劃，為保健按摩課程畢業學員提供免費就業轉介服務。配合市場的持續發展，於二〇〇九年整合「家務通」及「保健通」計劃，推出「樂活一站」SMART LIVING的「家居、健康及護理」服務轉介平台，為相關培訓課程的畢業學員提供更多就業選擇。

現時，大部份ERB課程已經香港學術及職業資歷評審局評審，發展專業認證課程。獲資歷架構認可並可上載資歷名冊，有助學員構建進修階梯。

於二〇〇九年七月推出「新技能提升計劃」課程。現時，ERB提供超過五百項「新技能提升計劃」課程，涵蓋近三十個行業，當中已有約四百項課程上載資歷名冊。為提供清晰的進修階梯，讓有志投身個別行業的待業人士認識入行培訓及發展前景，和鼓勵在職人士持續進修及自我增值，ERB將就不同行業範疇製作課程圖譜，讓公眾人士對ERB在各行業內所提供的課程覆蓋面，有更清晰的理解。

亦透過「行業服務計劃」，資助培訓機構舉辦行業推廣活動，為僱主配對畢業學員，並為公眾人士提供 ERB 課程資訊，擴大諮詢網絡及鞏固與僱主的夥伴關係。

三、新界社團聯會再培訓中心

培訓中心為香港特區政府註冊非牟利慈善團體，亦為全港其中一所最大型的培訓機構，致力拓展及提供多元化的專業培訓服務、個人化就業輔導及轉介服務、就業支援服務，以滿足不同失業或待業人士、僱員及僱主的需要，提升人力資源的就業競爭力，減輕失業問題及促進勞動力向上流動。

該會提供過百項不同類型的培訓課程，致力協助本港各階層人士全面增值及提升職場競爭力，包括：僱員再培訓局「人才發展計劃」課程、「新技能提升計劃」課程、「展翅青見計劃」課程、「持續進修基金」課程等。

同時積極建立強大的僱主網絡，與僱主建立及保持緊密良好的合作關係，為僱主轉介合適的人力資源。每年舉辦數十次大型及小型招聘會，協助近千間來自不同界別企業招攬合適人才，同時亦為求職者提供就業機會。

由一九九四年開始舉辦僱員再培訓局課程，包括就業掛鈎課程、「新技能提升計劃」課程、通用技能培訓課程及新來港人士課程，為十五歲或以上及具副學士學位或以下的本港合資格僱員（包括新來港人士）而設。

四、沙田婦女會阮偉文恆安服務中心

中心位於馬鞍山恆安邨商場鄰近馬鐵站，約步行五分鐘便能到達，交通便利，本中心於二〇〇三年成立，為區內街坊提供再培訓課程服務。

僱員再培訓課程突顯中心所扮演的特色角色，為配合職場需要，本中心及利安服務中心借出場地予新界社團聯會再培訓中心，提供不同種類之全日制及半日制就業掛鈎課程，設立就業跟進服務，貼心地為學員轉介合適的工作，讓各待業人士從中找到理想職位。多年來，本中心已開辦數十多項培訓課程，包括專業摩登大妗員、家務助理、保安員、初級美容師、陪月員、護理員、餐飲業從業員、零售店務員、產品推廣員及有關電腦課程，種類繁多。

曾舉行「就業創未來招聘會」，邀請了九間機構參加，提供職位空缺並有即場面試，幫助區內居民就業，另設有僱員再培訓的報名攤位，這是一個給失業人士獲得就業資訊的好機會。

為加強學員的聯繫、結集求職及就業經驗，本中心遂於二〇一三年九月成立1＋1同學會。1＋

1取其諧音為「一家人」，意思是「學員」加「中心」等於「一家人」。同學會的會員每季可優先參加招聘會，第一時間獲得就業資訊，亦會定期舉辦義工服務及聯誼活動，增加同學會會員之間行業資訊交流等。

為回應婦女就業需要，本會獲得婦女事務委員會的撥款舉辦名為「持續增值．活亮婦女人生」計劃，目標是提供一個增值機會，讓弱勢社群婦女，包括新來港、低收入、單親家庭等的婦女發揮個人技藝才能，一展所長。計劃是讓婦女修讀專業技能課程，然後透過招聘會，尋求工作，達致活學活用，發揮婦女個人潛能、增強婦女就業能力，演活精彩人生。

當時並分別舉行「持續增值．活亮婦女人生」啟動禮及招聘會，啟動禮當日以簡單而又隆重儀式展開活動序幕。而招聘會當日邀請大約二十多間機構，提供約三百個職位空缺，並設有即場面試及僱員再培訓的攤位。

五、展望將來

隨着本會開展一系列迎接成立五十週年慶祝推廣活動外，正構思改善宣傳策略作為推廣課程、籌辦地區活動，以及與行業合作等的主要路向，配合本會的資訊頻道（包括機構網站、facebook 專頁、

Whatsapp 及微信號 WeChat）、未來也透過電子通訊、各式宣傳品、在電子媒體（包括社交媒體及網上平台）推出的宣傳推廣項目結合社區活動，透過多媒體及互動形式，提升市民對本會課程和服務的認識。

雖然當前宏觀政經形勢和本地就業環境充滿變數，再培訓局、新社聯和本會與社會各界將並肩攜手，無懼挑戰，迎難而上，發揮優勢，為市民大眾構建更優質的人才資本，與香港市民一起走過更多個二分一世紀。

九、投身洪流　迎難而上——長者服務專題

沙田婦女會國民教育中心主任夏劍琨

本港人口老化問題日趨嚴重，這是大部份人都知道的事實。但本港長者到底面對哪些實質性的問題？則了解的人並不多。其實香港的長者議題，可以分為宏觀和微觀兩個角度去看。

宏觀的角度，即「老有所養」，長者的經濟福利，安老、醫療、住屋等各方面，政府撥予的資源是否足夠？這點見仁見智。本會多年來，在相關的領域均有發聲。包括在「高齡津貼」和「長者綜援」之間，設立「長者生活津貼」、「高額長者生活津貼」；與政團合作提出建議，要求增加安老服務宿位等等。

為了切實緩解本港安老服務的短缺問題，本會正和仁濟醫院合作興建一座綜合安老服務大樓，為區內長者提供安老服務，期望讓更多長者都受到悉心的照顧。

微觀的角度，則更為細緻，我們認為它包含了「老有所依」、「老有所樂」、「老有所為」三個重點。

「老有所依」，是指長者有所依靠，在長者福利相對成熟的本港（仍有不少進步空間），長者的心靈孤寂缺乏依靠，卻比以前更加嚴重，猶如冰山之一角，極需各界重視。舉個例子，在數碼科技掌

管生活的今天，大量的長者無法使用智能電話，不能享受所謂科技改善生活的成果。而對於許多獨居長者來說，政府部門或水電煤氣一通公函，都會令他們感到惶惑和不知所措，因他們並不能理解部門的運作方式和複雜的表格、交費單。

本會在沙田區內的各間中心，均恆常為區內長者提供額外的填寫表格、解釋信件等等，看似瑣碎，卻能在細微處慰藉他們的不安。各中心每年均舉辦長者智能手機學習班，希望能盡量拉近長者和智能科技之間的距離。

二〇二〇年新冠疫情初期，本港防疫用品短缺，政府疲於奔命，年輕人尚要為了一盒口罩到處打聽，通宵排隊，何況是年老力弱，資訊閉塞的獨居長者？本會多間中心與新界區抗疫連線合作，為長者送上防疫用品，以解燃眉之急，更讓他們知道，自己並沒有被社會遺忘，遇到困難，我們就在身邊。

「老有所樂」意思比較簡單，就是讓老人快樂。但講得容易，做起來卻也不容易。本會的招牌活動之一，就是一年一度「千歲宴」，它始於上世紀九十年代，最高峰有數以千計的長者參加，其中不乏九十多歲甚至一百多歲的人瑞。筵開百多席，每席均有一至二位義工服務，參與協助的義工多達二百多位。

千歲宴面世之後，受到各方矚目，出席的政府官員、社福界同仁和地區賢達，均被其規模之盛大、服務之細緻所打動，開創了沙田區敬老活動的先河，更被許多團體仿效。曾任沙田區社會福利專員的黃嘉顥女士，參加千歲宴之後印象深刻，其後升任助理署長甚至榮休之後，仍掛念着這項意義非凡的開創性活動，每年均捐出善款協助活動舉行。

每季舉行一次的「長者生日會」，則把一天遊和生日宴融合，帶着長者會員們暢遊本港知名景點，中午則舉行宴席慶生，抽獎遊戲等等，數百長者盡興而歸。

最後的「老有所為」，是指發掘長者能力，為社會服務，讓他們有所成就。本會的義工團隊和導師班底中，不少均為長者。以老友記袁麗珍為例，年過九十，仍然盡己所能，參加本會各項公益活動，比一些年輕人更熱情、更賣力；國民教育中心的婦女英語班導師梁鴻儒女士同樣年過九十，在新冠疫情之前，仍堅持每週開設課堂，教導年輕婦女英語知識。

時光荏苒，歲月如梭，五十年前沙田婦女會的一班創會成

▲▶ 每年千歲宴，與上千位長者歡聚一堂，不少政府部門首長都樂意出席，甚至退任後仍慷慨解囊，皆因場面份外溫馨，令他們印象深刻。

員，不少已白髮蒼蒼，然而滄海桑田，初心不變，她們仍舊活躍在社區服務的第一線，親身演繹着「老有所為」的真諦，令我們欽佩之餘，亦激勵我們奮發向上。

長者是否享有福祉，是驗證社會是否文明、是否成熟的其中一項重要標準。長者服務任重道遠，在本港人口老化日趨明顯的時代，本會願投身洪流，迎難而上，不負本心。

▲ 早年每季一次的耆英生日會在總會舉行，期後改為一天遊，帶着老友記四處走走，不亦樂乎！

團隊獻禮頌金禧

一、時代情傳續新篇

沙田婦女會會長林玉華

加入沙田婦女會的機緣，是受到我奶奶——魏愛蓮女士的引領。當時我讀完社工畢業，一心為人民服務，卻對社區工作不那麼了解。是奶奶告訴我，沙婦的成長故事，是她啟發我，女性可以在社區扮演怎樣的角色，如何為社區出力。

沙婦憑着努力，在資源匱乏的年代，摸着石頭過河，在五十年內，發展出六間中心、一個社企、一個農莊。我看見沙婦前輩們的辛勤鋪設，不少婦女會員由年輕時加入，今日已成為婆婆嫲嫲。有些會員更是參加我們的興趣班有三十年之久！我記得，一位長者會員儲存了婦女會多年來，不同版本的班組收據，這份長情，使人動容。

在這十多年間，我的身份從沙婦職員，到擔任理事、理事長，到會長。歲月洗禮，我看見婦女會一代代職員，持續的進步和發展。她潤萬物而不爭，彷彿看見孕育下一代的母親，等候孩子自立自強，去服務更多人群。沙婦一直發展，我也一直成長，得到啟發，也漸漸發展出自己抱負和理想。

今年是香港回歸二十五週年，沙田婦女會踏入第五十年，步入新時代，我們會進行革新，但服務基層的角色卻會一直不變，繼續自強自立，為社區提供更專業的服務。這本書，娓娓道出我們五十年的地區經驗和故事，祝願沙田婦女會五十週年，繼續光彩美麗！

二、情繫社區　結義同行

沙田婦女會名譽會長馮禮遜

認識沙田婦女會始自孩提時代。因先慈周翠娥校監為當時婦女會的會長。每逢秋冬時節，我和弟弟都會跟隨媽媽參與蛇宴。老實說，小時候對吃蛇羹的興趣其實不大。不過，我倒是很期待這個活動。原因是當中的氣氛熱鬧非常。難得的是孩子們都可以任性地放玩一下。而且看到各位「阿姨」在忙這忙那，使整個面積不大的鄉村小屋充滿着人氣和人情味。

流金歲月，跌宕起伏。隨着社區環境變遷，婦女會也由最初以協助農民爭取合理權益的「沙田婦女聯誼會」，發展至今成為有六個分佈於沙田及馬鞍山的服務中心；並逾兩萬會員的「沙田婦女會」。服務對象涵蓋婦女、兒童、長者、少數族裔和青少年等。作為一位幼兒教育工作者，我深信孩子的教育從家庭開始。家庭是學習的第一個室場，而父母就是孩子的第一位老師。老師作為家長的夥伴，我深刻體會家長在繁重的工作以外，所承受教養孩子的重責與壓力。多年來，婦女會肩負起持續為區內家庭提供適切的協助包括舉辦親子講座；又為婦女們舉辦各式興趣班和活動，以提升她們的自信、能力和擴闊生活圈子。

印象最深刻的一次是我從事的幼兒教育機構與婦女會在二〇一六年合辦《三八國際婦女節大匯演》。在整個籌劃過程中，我親眼目睹親身感受每位婦女義工的全情投入，還有執委會的專業態度與能力。尤記得活動在新城市廣場戶外場地舉行，因為小孩子作戶外演出需要大量的人手維持秩序，還有幫忙化妝換衣服上洗手間等等工作。單靠學校同工和家長也未必能盡善。感謝婦女會各義工發揮她們超強的執行力與愛心；使整個活動能順利進行，各人盡興愉快。另外一個讓家長和孩子都感歡快的項目就是綠庭園環保農莊。當年計劃剛開始，我們的學校就安排親子團作實地耕作體驗。一片樓房的沙田不像以往，沒有多少沙也不見田。還好在這片高樓大廈中有這麼一片綠油油的淨土，讓孩子回歸自然，並享受天倫之樂。

從總角至今，我有幸能與婦女會結緣近半世紀。因着前人的勇氣、魄力與識見，婦女會奠下了堅實的根基。今天的沙田婦女會的服務範圍已日趨多元。截稿前更欣聞與仁濟慈善團體合營一所安老院，相信這項目定必能為會務開創一片新天。特別想感謝黃戊娣榮譽會長多年來的不斷付出。認識娣姨多年，她事必親恭的待人處事作風，讓我欽佩。今番值沙田婦女會成立五十週年之際，容我送上由衷的祝福：祝願沙田婦女會仝人繼續秉持「敬業樂業、尊群愛群」的宗旨，不斷優化服務，為區內居民謀福祉。並為迎來下一個碩果纍纍的五十年作好準備。

三、團隊心聲

（一）今年係沙田婦女會成立五十週年大日子，祝願婦女會有良好的發展。開拓創新，爭取更多社會資源，為市民提供更多和更好的服務，共建和諧社區。

副理事長聶玉琼

（二）我認識沙田婦女會已有二十多年了，現今在社會任職工程師。當年我在外國留學，每逢假期在港，都會參加沙田婦女會舉辦的課程。之後又成為該會導師、代表、理事和副理事長。我真的非常榮幸能融入和長期活動在沙田婦女會這個大家庭中，一同為社會出一分力。恭喜沙田婦女會五十歲誕辰，敬祝會務欣欣向榮，蒸蒸日上！

副理事長朱韻詩

（三）《會誕頌》沙田婦女會，服務多元化。宗旨唯為公，精神確可嘉。持繼發展輝煌，無負五十年華。邁步勇向前，敢向遠處崎嶇路途跨。為市民謀求福祉美善，不忘初心在當下。

理事楊倩紅

（四）二〇〇九年我退休後，在舊同學於中聯辦任職的陳惠玲介紹下，認識了沙田婦女會時任理事長娣姐，做了沙田婦女會永久會員，並開始參與地區義工工作，亦參加了在沙田婦女會上課的再培訓課程，認識了我以往工作以外的新知識，開始做代表，再而被推選為理事，參與對會務的監察及發展的服務工作。

轉眼十二年過去，我希望我們沙田婦女會日益壯大，為基層及新移民提供更多服務，未來更精益求精的為地區服務！

理事汪燕珠

（五）祝賀沙田婦女會五十週年紀念，她的閃爍的光和亮感動我們。我誠心繼續支持沙田婦女會，並祝她為我的人生明燈。盡我的能力來感激，支持在我身邊充滿正能量的她！

理事張玉嬌

（六）我是沙田婦女會理事，由懂事開始就隨媽咪認識「她」。「她」是一個愛國愛港、全心為社會服務的機構。在沙田婦女會的歷程中，無懼風雨驕陽跨進五十週年之際，我祝願她發揚光大！繼往開來，傳承下去！

理事陳婉明

（七）回首過去，沙田婦女會與社會各階層相扶互持五十載！深入社區，服務民眾。開拓創新，取得了纍纍碩果！展望未來……，祝願您在新的征程裏，再鑄造新的輝煌！

理事曹影

（八）加入沙田婦女會已經十六年了，由做女至嫁人到做媽媽，一直都在這個大家庭中學習成長。感激感恩，讓我的生命增添無盡意義和斑斕色彩。

理事吳月蓉

（九）我是新加入沙田婦女會的理事，希望能為婦女會出一分力服務社群。適逢婦女會五十華誕，我在此祝願的同時，和婦女會姐妹們攜手共步，履行婦女會崇高的目標而向前邁進！

理事陳彩燕

四、他們眼中的沙田婦女會

——沙田婦女會資深顧問簡松年律師、資深義工袁麗珍女士專訪節錄

本會的法務顧問簡松年律師、太平紳士，以及我們的資深義工袁麗珍女士，可說是看着沙田婦女會成長、發展的人之一。在五十週年這個大日子前夕，榮譽會長黃戊娣和理事長陳惠平、副理事長聶玉琼有幸分別和兩位歡聚一堂，回味前事，參商未來。

袁麗珍女士在沙田婦女會做義工已接近四十年。她原本居住在馬鞍山耀安邨，近年搬至大圍美田邨，但耀安服務中心每當需要她幫忙，她總是自己搭半個多小時巴士趕到耀安邨，甚少缺席。她九十多歲仍主動幫本會賣旗籌款，已經成為「生招牌」，街坊對她格外支持和鼓勵，往往特意捐多一點給她的旗袋，每次賣旗她都是最滿載而歸的一位。

麗珍姐日戰前一個人跟着同鄉來到香港做傭人，一直住在僱主家，沒有條件談婚論嫁，是當時社會最底層的人士。一名單身女子在守舊落後的社會中掙扎求存，如今耄耋之年，除了一位姨甥女定期探望，可說是孑然一身。她坎坷的人生，彷彿是那個動盪時代，中國婦女的縮影。但她卻沒有因此消沉。身邊沒有血親，她就視婦女會為娘家，與姐妹們甘苦與共，更盡己所能，幫助別人。娣姐和她關

係密切，兩人彼此關懷，既像知心好友，也如一對極親的姐妹。她們之中如有人身體不適，另一人必定煲湯送暖，悉心照顧，超越血緣的濃情厚意，令人動容。

參訪當天，年屆九十的麗珍姐依然精神健旺，聚精會神地聽娣姐介紹婦女會近期的工作和活動。問她是甚麼原因令她為婦女會擔任義工如此之久，她思考片刻，說因為婦女會服務市民，很好。麗珍姐是十分普通、十分典型的香港上一代婦女，勤儉、低調，對社會忠誠，對公益熱誠。她不會用很精闢的詞語來描述自己的心情，只是簡單一句「服務市民，很好」，已表達了她對社區的關愛，對婦女會的情感，以及對社會未來的期許。操勞大半生，如今安享晚年，她平凡慈和的面孔，閃爍着令人動容的善性光芒，正是這種光芒，推動我們不斷向前。

相比平淡中見至善的麗珍姐，簡松年律師則擁有叱咤風雲，精彩無比，又廣佈仁義的人生。作為律師裏的「老行尊」，簡律師服務新界超過五十年，不管是法律界還是社會服務界，都可謂「桃李滿天下」。早在港英年代，簡律師已獲得「太平紳士」的名銜，表揚他對社區的貢獻。

他憶述婦女會馬鞍山服務中心成立之初，他是沙田區議員，每星期到中心做義務法律諮詢。當時整個馬鞍山只此一家。每次諮詢都吸引大量市民排隊，簡律師為他們解答各類法律問題，如交通意外責任、家庭或鄰里糾紛等等，看到市民聽自己講解後釋然的神情，簡律師感到十分欣慰。

他笑言，自己和沙田婦女會可說是共同成長。看着沙田婦女會由一個局限在小區，需要其他社區領袖作橋樑的社區服務型團體，發展至今不再局限於小區，服務範圍遍及沙田，更培養屬於自己的政治人才和專業團隊，發揮出更大的功能，真是「一擔心機，辛苦湊大」。

談到回歸前後政府對愛國團隊在態度上的區別，浸潤政界多年的簡律師說，一九九七年之前，港英政府不會視愛國愛港的團體為「自己人」，回歸之後政府則與愛國團體多了合作，鼓勵這些團體的工作，不少官員更親身參與。

沙田婦女會在回歸前成功申請在耀安邨內設立服務中心，簡律師全力推介和協調，居功至偉。近三十年後重提此事，簡律師卻謙稱除了自己，還有其他人士幫忙。他指出婦女會目前已頗具規模，接下來面對的挑戰卻將更為艱巨，需要培養更加專業的管理人才，創立更專業精準的架構制度，更需與時俱進，充份了解社會當下需求，與自身理念結合，提升服務的種類和質素。

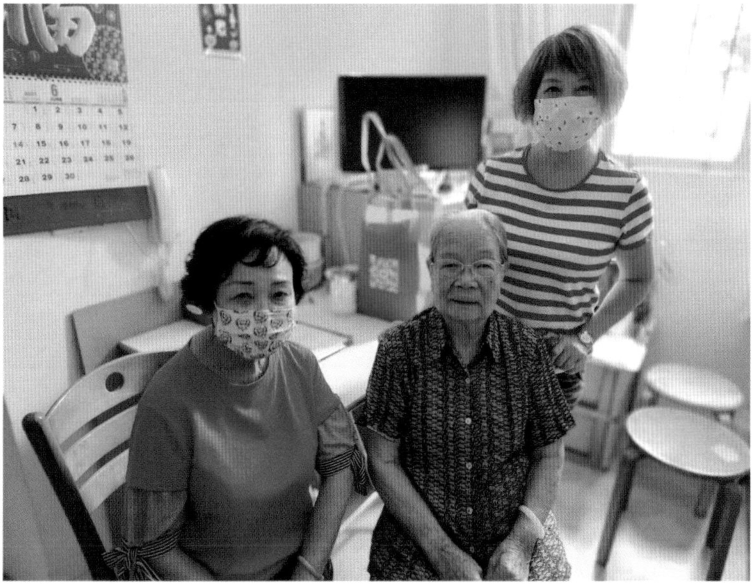

▲ 左起，榮譽會長黃戊娣、袁麗珍女士、副理事長聶玉琼。

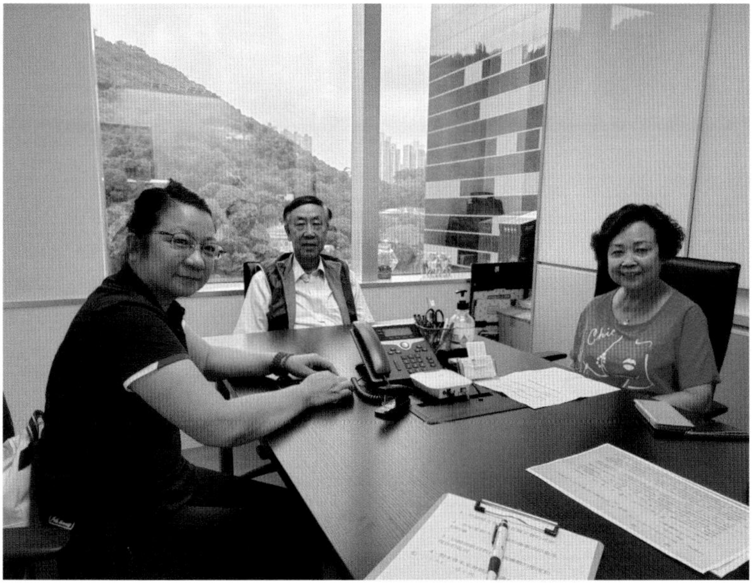

▲ 左起，理事長陳惠平、簡松年律師、榮譽會長黃戊娣

五、瑞姨在我會的五十年印記

在地區服務人士的圈子裏，流傳着一句話：要做好地區服務工作，必須「三位一體」。「三位」指的是服務機構的決策者、工作人員和義工，三者合作無間，才能真正造福社群，缺一不可。

沙田婦女會的成立、發展和壯大，都離不開義工。從七十年代一群義工好姐妹創會，到成立各間中心，發展會務，都需要倚仗義工的幫忙。本會架構裏的會員代表，全部都是地區上傑出的義工，不少理事會成員，在初接觸本會時也是以義工身份，協助進行各項本會的公益活動，從而了解、進而認同本會的理念而加入團隊決策層，發揮更大的功效。

發展義工團隊，其實一點也不比管理行政架構容易。職員之間有上司下屬的從屬契約關係，有清晰的合約條文闡明權責，義工就不一樣了，他們是義務工作的，憑藉一腔熱誠，並不受到員工規文的約束，熱誠來時任勞任怨，熱誠退時，卻也可以冷若冰霜。這種飄忽不定，使得職員在與義工相處時，往往因拿捏不準而產生摩擦。但義工又是如此重要，試想想，一所合格的服務機構，每年舉辦的公益活動總不下二三十次，大至嘉年華、探訪長者、承辦各類慈善基金活動，小至逢年過節為街坊送上小禮品和節日慰問，如沒有義工，又或是義工太少，簡直是寸步難行。

如何發展義工、凝聚義工、培訓義工，是一門極深奧的，集人情世故、社會心理等等於一身的複雜學問，相信每個成功的社服組織都有自己獨到的體會。但說到我們沙田婦女會的義工團隊，就不得不提我們幾代人都敬愛尊崇的名譽會長瑞姨——劉瑞枝了。

瑞姨已經年近百歲，半世紀來為本會無私奉獻，憑藉無比的人格魅力，協助本會發展出一支引以為傲的義工團隊。

她最令我們佩服的特質，便是五十年來，始終秉持「兩顆心」。

第一顆「心」，是無私的為公之心。她每次活動總是走在最前，用勤奮來打動義工團隊成員，使得成員受到激勵，大家紅紅火火，又開心又有歸屬感，因此能把每次活動都安排得條理分明，有聲有色。

冬日蛇宴、耆英生日會、公益金百萬行、敬老千歲宴等等，每一次本會所舉辦，令人印象深刻的成功項目，樣樣少不了瑞姨的幫忙，她總是設想與安排好各種各樣的細節，把自己負責的部份做得井井有條，而在接受參加者歡呼和感謝的時候，她卻謙退而低調。正是她這種從不偏私，以德服人，以理曉人，才能為義工們立下優秀的榜樣，在處理義工關係時，大家都對她心服口服，簡直達到「言出法隨」、「無往而不利」的境界。

第二顆「心」，是愛國的忠勇之心。回歸之前，港英政府對愛國團體並不友善，當時的社會賢達、輿論主流，也甚少公開談甚麼「愛祖國」或「愛民族」，更對當時站出來爭取勞工和婦女權益的愛國人士多所打壓。瑞姨致力於當時仍然相對薄弱的愛國事業，把握每次機會，向市民宣揚愛國的重要性和必要性，也因此她遭受到港英政府長期的排擠、歧視、打壓甚至監禁。但在愛國事業的道路上，她從未退縮，如果說瑞姨不偏不倚，以身作則的無私之心是人格的魅力，那麼她不畏強權，堅持愛國的忠誠之心，便是道德的感召，兩者相輔相成，成為聯繫彼此的強力紐帶。瑞姨不但凝聚着義工，也凝聚着我們這群理事、代表以及職員。因此我謹乘本會五十週年著書之際，既分享義工發展之心得，也表達我們對瑞姨的感謝和敬佩。

其實所謂的「三位一體」，不單代表着理事、職員、義工各守其份，緊密合作，各人的身份也隨着時間而轉換，年輕義工可以成為將來的職員和理事，理事和職員有朝一日退下來或離職，也仍然以本會的義工身份活躍。正如瑞姨，她歷任本會創會理事、副理事長、會員代表、名譽會長，如今安享晚年，成為本會服務的享受者；瑞姨無私愛國的精神，感召着歷代理事、職員和代表，令更多有志向有擔當的年輕義工加入我們這個團隊。五十年來，生生不息，大家都因沙田婦女會這塊招牌、這個團隊結下不解的緣份，攜手努力，一同成長。

▲ 瑞姨除了是一位備受愛戴的義工領袖，也是一位偉大的母親，更是一位受到特區政府認可的愛國社區工作者。

▲ 瑞姨除了是一位備受愛戴的義工領袖，也是一位偉大的母親，更是一位受到特區政府認可的愛國社區工作者。

六、無敵衛士貓

沙田婦女會利安服務中心副主任陳翠娟
會員代表關若梅（田沙沙的媽）

二〇一三年十月份一個狂風暴雨的日子，因緣際會在某處斜坡遇到初生的您。相信是跟媽媽失散了，餓得軟軟的奄奄一息！剛剛開眼，身軀瘦瘦弱弱又有點禿頭的您，被帶到沙田婦女會撫養，並給取名：「田沙沙」。猶記得每早爬在貨倉頂的欄柵上，喵喵地叫，期盼着同事回來給你做伴給你開餐，成長中頑皮的田沙沙每每依着人們腳邊討摸討抱大大撒嬌，大家都被這小淘氣給逗樂了！給軟化了！這就是日後成為「無敵衛士貓」的田沙沙。

成長了的無敵衛士貓，高、冷、酷，日間盡量休息養精蓄鋭。為的甚麼？因為牠肩負了一個重任，為了夜間聚精會神守衛總會的食物銀行和其他財物。牠一貓無懼孤獨無援，從不懼怕漫漫長夜的寂寞，每天黃昏時候出動「行必」守衛，擦亮眼睛吸鼠蹤。牠扮作蠢蠢懶懶的模樣，好讓鼠輩寬心，張口擒拿，一招了斷，牠做得甘亦做得冧、開心之餘更添飽腹（除出鼠輩外，蛇、蟲一般對待，決不輕饒）。

衛士貓除了謹守崗位，背後也有一些經歷一些故事！新年期間曾經歷被人帶回家飼養，被迫與大家短暫分離。被後山的捕獸器夾到導致嚴重受傷，回到婦女會躲藏於倉底下，傳出陣陣痛楚悲鳴，見到我們猶如重遇親人，似是忘卻傷痛！最終幸得隔壁鄰居及時施藥救援，小命得保……

康復後仍努力不懈為沙田婦女會守護！牠更成為眾人的好朋友及傾訴對象，日間某時候牠總坐在門前的小梯級上，邊曬着太陽邊等候街坊前來探望，給人們無言的撫慰！在新田總會已成為一位無人不知、無人不曉的無敵衛士貓！牠冷冷的面孔、懶懶的身軀，包含着一顆熾熱的心。為本會的會員及附近的街坊帶來更多的溫暖，憑藉這顆暖暖的心，成為深受愛戴的衛士貓。守在最前線，捍衛保護着大家的安全。田沙沙不論風吹雨打、颱風來襲、天氣酷熱或寒冷，也能堅守崗位！沙田婦女會的無敵衛士貓，我們向您敬禮！

這位衛士貓的不屈不撓的精神，使人十分敬佩。同時也值得我們學習，與此同時衛士貓的服務精神，也正正是沙田婦女會的服務宗旨，希望藉着衛士貓，啟發大家以一顆熾熱的心及堅毅不屈的精神服務社群。

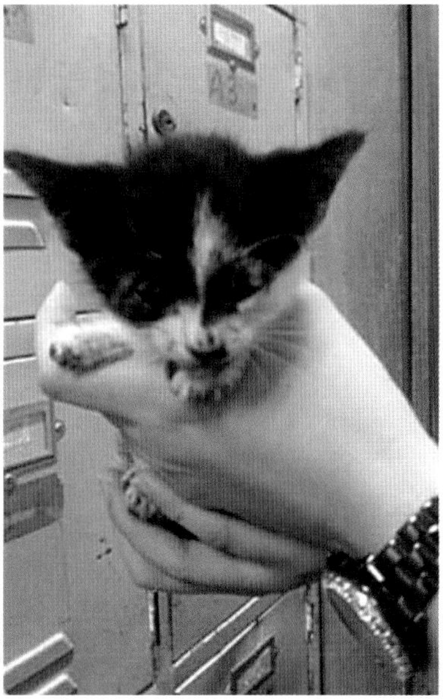

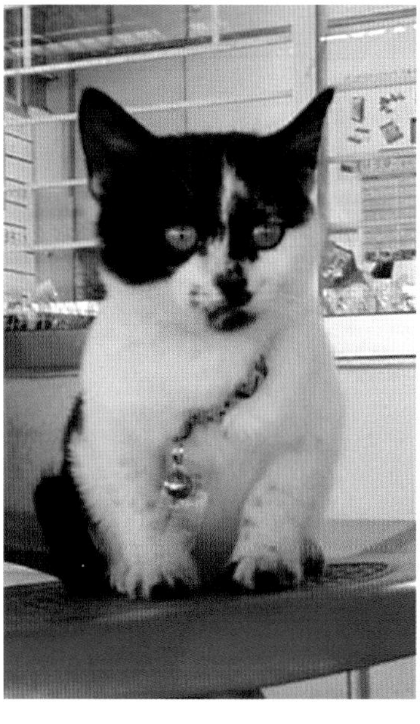

▲▶ 新田總會「保安主任」田沙沙，小時候，青少年以及現在的尊範，大將之風與日俱增。

七、沉鬱無極的鄉愁

沙田婦女會榮譽顧問蔡亞仲

我擔任沙田婦女會顧問幾乎半個世紀，時常活動於沙田婦女會各個中心。尤其在總會幫手做蛇宴多年間，將整個秋風起季節的所有星期日，每天十多個小時都在新田村做蛇宴義工，可近距離注視紅梅谷山頂上的望夫石（有名孭子石）。故事的千年愁、萬古恨令我揪心不已。婦人孭着兒子，神情凝重地眺望吐露港，佇候着揚帆遠去打漁久久未歸的丈夫。此望夫石的情是那麼真，意是那麼切。其靈魂幽幽地飄蕩在我的心坎上，始終不散。

該愛情故事樸素傳奇又凄美動人，因望夫而幻化成石的婦女，愛情專一堅貞。雖然她愛得很辛苦，但畢竟是永恆的愛。曾經神仙般的擁有，總勝卻人間無數。她更是我這個沙田「老餠土著」與生俱來的偶像，默化我成長，並深深代入其中，因而令我時常觸景生情。今欣逢沙田婦女會五十華誕，兩者份屬近鄰。也應邀請她參加沙田婦女會行列，有感而奉上新詩一首以誌。

《望夫石》

誰人譜出淒婉戀曲
扣緊我愛的心絃
依然絕唱千古
真箇苦吟萬年
我彷彿揚帆遠去
幽幽悲怨
淡淡哀愁
都由我的心底湧現

巍巍峻嶺
莽莽荒原
妳佇候着
從亘古到今天

▲ 悄立山上的望夫石，見證沙田的滄海桑田。（印章：大愛無言）

天意造化的軀體
纏繫曠世奇緣
無法解脫的靈魂
縈繞絕代繾綣

妳——
背負可憐的兒子
嚐盡苦楚
吃透辛酸
妳——
心懸苦難的丈夫
秋水望穿
柔腸牽斷

腳下悠悠歲月
眼底緲緲風煙
物換星移
滄海「沙田」
高廈林立
豈有歸船
地裂天崩愛永恆
海枯石爛情不變

八、導師作品獻禮

國畫老師周碧堅

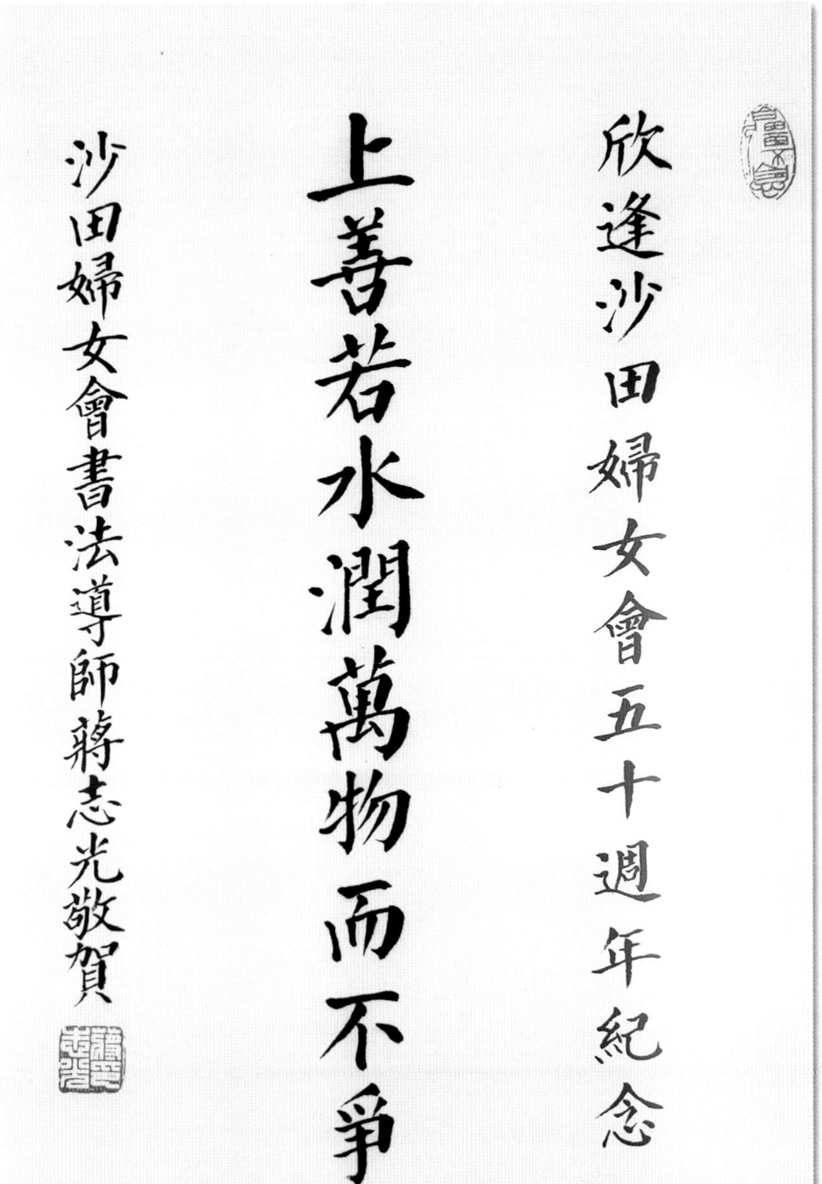
欣逢沙田婦女會五十週年紀念
上善若水潤萬物而不爭
沙田婦女會書法導師蔣志光敬賀

國畫老師郭嘉炎

國畫老師周錦婸

兒童書法老師馮美芳

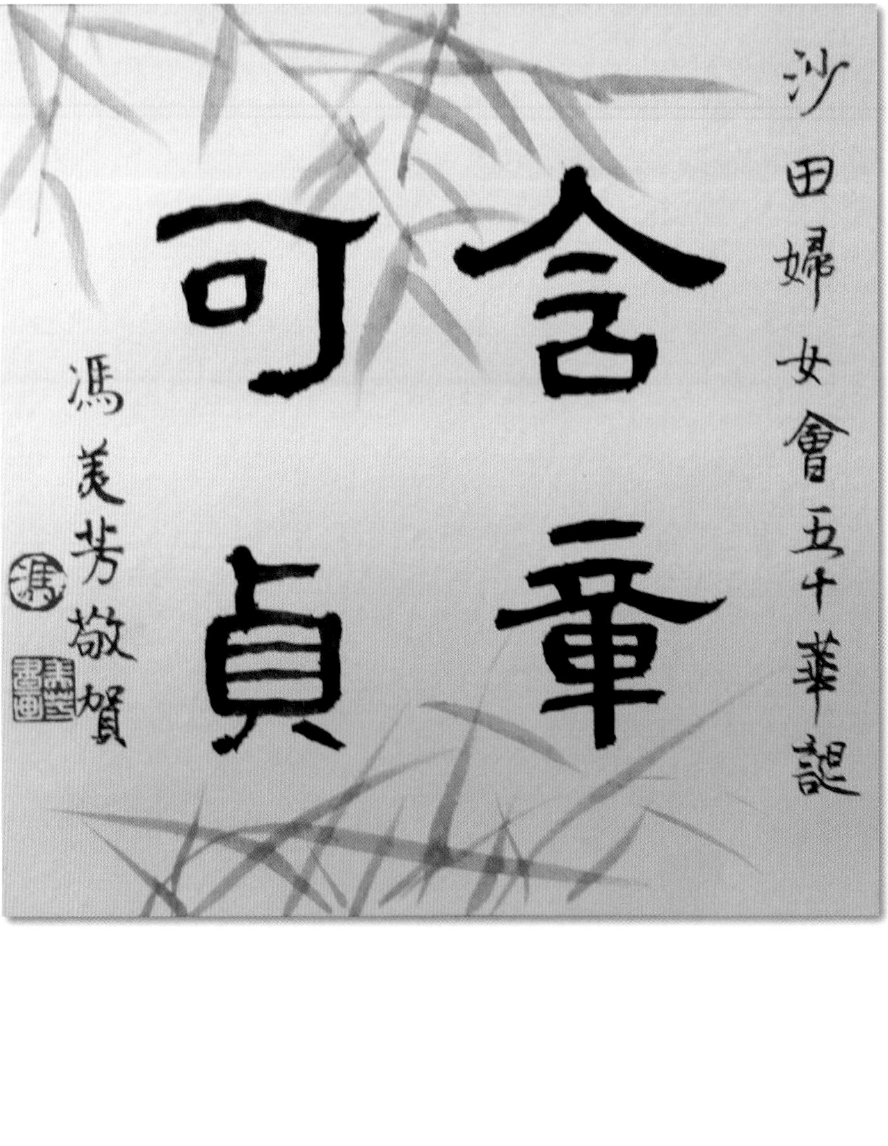

油畫老師劉芳

兒童畫老師羅海恩

兒童及成人畫老師張秀儀

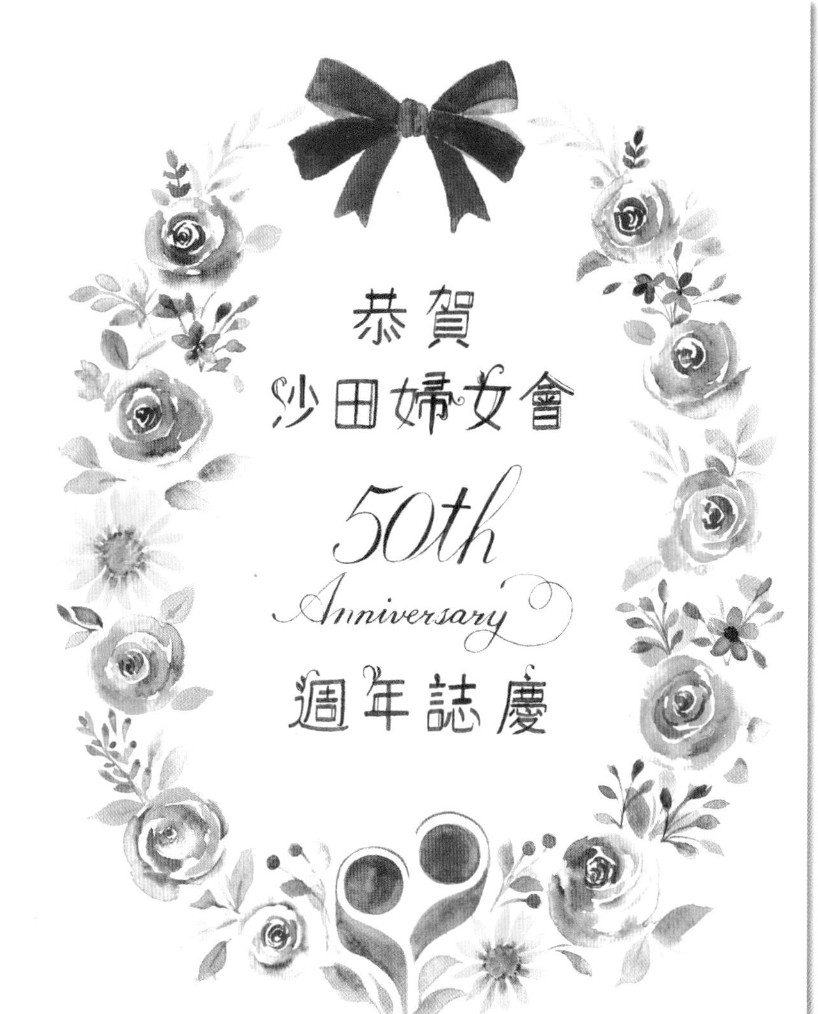
恭賀
沙田婦女會
50th
Anniversary
週年誌慶
Cheung Sau Yee

附錄

一、沙田婦女會第二十四屆架構表

榮譽會長 黃戊娣

榮譽顧問 阮偉文 何馮艷仿 蔡亞仲

名譽會長 黃記娣 梁馨葵 蕭陳玉梅 劉瑞枝 馮禮遜 劉逸華

會長 林玉華 蔡蕙芳

理事長 陳惠平

副理事長 聶玉琼 朱韻詩 羅棣萱

理事

蔡笑興　葛珮帆　楊倩紅　吳月蓉　張玉嬌　汪燕珠　曹影　陳婉明　陳彩燕　危瑛　許嬋卿

名譽理事

陳麗嫦　毛淡才　蔡美容　耿雲芳　麥金喜　黃任有　黎壽淩

會員代表

石　玉　何玉萍　何玉蘭　何容花　何順怡　何愛瓊　岑麗如　李杏容　李金華　李荔芳　李福占
卓賽花　周惠娟　周敬芳　邱蓮妹　胡愛玉　韋秀嫻　奚春娣　容麗球　陳蓮東　曾秀瓊　黃玉嬋
黃愛珠　葉玉蘭　葉石瓊　詹美葉　鄔麗華　趙齊好　劉秀芳　劉愛賢　劉毓芳　蔡冰心　蔡寶玲
黎金耀　盧惠文　謝錫貞　譚美霞　譚麗娟　關若梅　馬敏芝　盧群英　付清華　徐美珠　李佩淩
李錦杏　陳康會　張立紅　黎雪萍　劉姝君

名譽顧問

蔡根培　韋國洪　鍾奉慈　陳金釗　鄭啟祥　袁貴才　彭長緯　鄭楚光　楊祥利　余倩雯　楊文銳
何厚祥　李錦明　黃澤標　陳國添　鄧永昌　姚嘉俊　陳敏娟　林松茵　梁家輝　黃嘉榮　龐愛蘭
李子榮　董健莉　李世榮　招文亮　潘國山　黃宇翰　林港坤　王虎生　黃冰芬　鄧家彪

會務顧問

范徐麗泰　陳雷素心　譚耀宗　梁偉康　梁潔華　廖湯慧靄　林李雪　盧德明　邱蔡桂花　麥樂嫦
蔣麗芸　李慧琼　符俊雄　李永偉

法律顧問

李國英　簡松年　黃嘉錫　周浩鼎　蕭震然

醫事顧問

葉傑權　陳月勝　梁宏凱　曾偉雄　張瑞宜　曹貴子

綠庭園顧問

曾國強　黃子廣　鄺錦榮　朱順球

社區代表

魏志偉　何偉俊　林宇星　吳卓璟　李林昌　方浩良　朱煥釗　蔡惠誠　吳啟泰　張柏源　龔美姿

二、沙田婦女會五十週年書刊《道義春秋》編輯委員會

顧問

蔡亞仲先生

黃戊娣女士 BBS MH JP

主編委

蔡蕙芳女士

副編委

陳惠平女士、聶玉琼女士、朱韻詩女士、羅棣萱女士

總統籌

羅婉珮女士

總設計

夏劍琨先生

委員

葛珮帆立法會議員 BBS JP　楊倩紅女士 MH

汪燕珠女士　吳月蓉女士

陳彩燕女士　許嬋卿女士

蔡笑興女士　陳婉明女士

張玉嬌女士　曹　影女士

危　瑛女士　黃曉彤女士

陳偉耀先生　李凱珊女士

陳翠娟女士　關若梅女士

書名創作：蔡亞仲

書名題字：蔣志光

封底繪畫：李凱珊

攝　　影：關若梅

會歌

向世界送熱暖

于　粦曲
盧國沾詞

1=D　2/4　♩= 108
中速　進行曲風

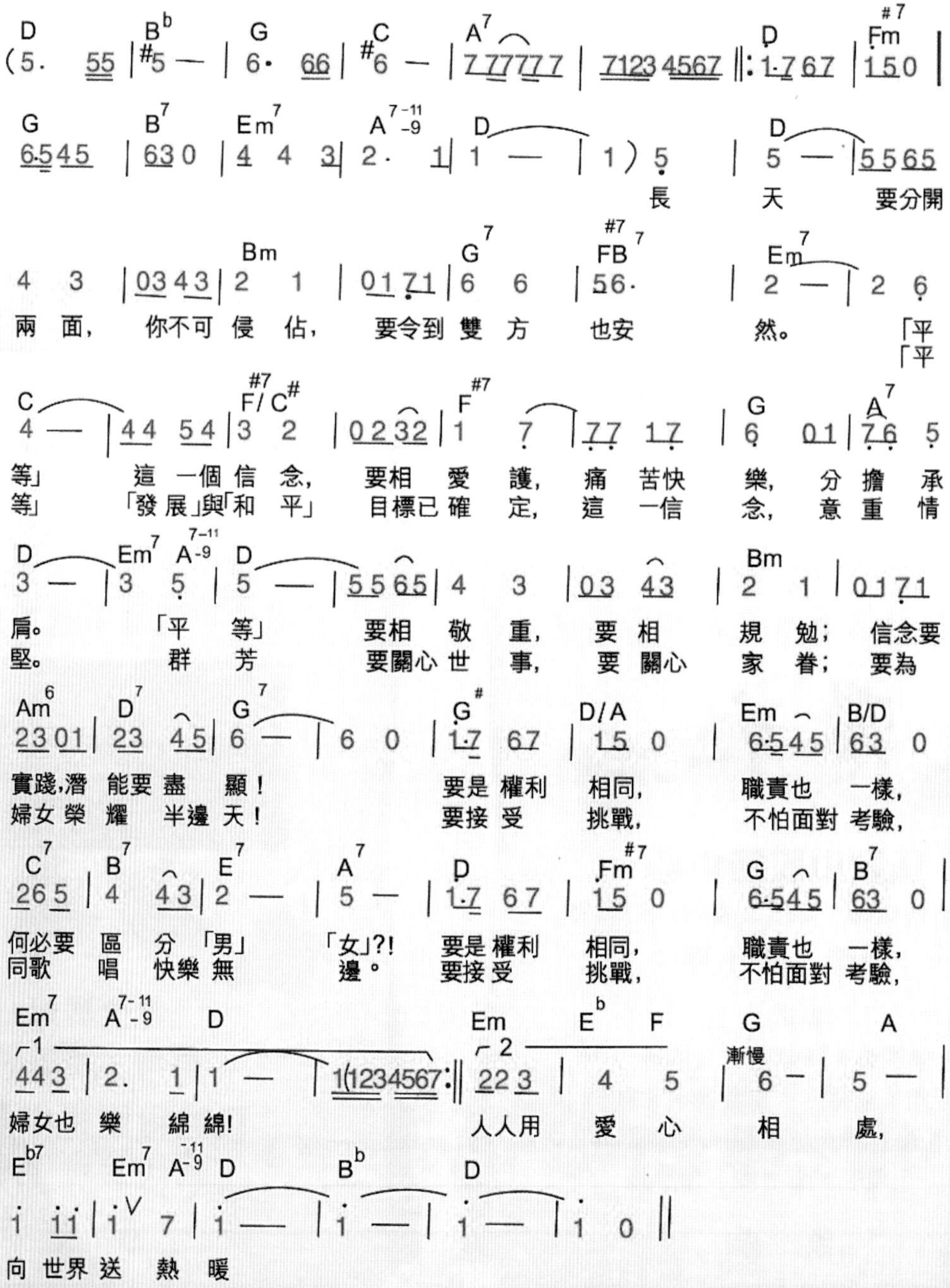

長　天　要分開
兩　面，你不可　侵　佔，要令到　雙　方　也安　然。「平
「平

等」　這　一個　信　念，要相　愛　護，痛　苦快　樂，分　擔　承
等」　「發　展」與「和　平」　目標已確　定，這　一信　念，意　重　情
肩。「平　等」　要相　敬　重，要　相　規　勉；信念要
堅。群　芳　要關心　世　事，要　關心　家　眷；要為
實踐，潛　能要　盡　顯！要是　權利　相同，職責也　一樣，
婦女　榮　耀　半邊　天！要接　受　挑戰，不怕面對　考驗，
何必要　區　分「男」「女」?!　要是　權利　相同，職責也　一樣，
同歌　唱　快樂　無　邊。要接　受　挑戰，不怕面對　考驗，
婦女也　樂　綿　綿！人人用　愛　心　相　處，
漸慢

向　世界　送　熱　暖

www.cosmosbooks.com.hk

書　　名　道義春秋——沙田婦女會五十印記

編　　著　沙田婦女會

責任編輯　郭坤輝

美術編輯　蔡學彰

出　　版　天地圖書有限公司

香港黃竹坑道46號

新興工業大廈11樓（總寫字樓）

電話：2528 3671　傳真：2865 2609

香港灣仔莊士敦道30號地庫（門市部）

電話：2865 0708　傳真：2861 1541

印　　刷　亨泰印刷有限公司

柴灣利眾街德景工業大廈10字樓

電話：2896 3687　傳真：2558 1902

發　　行　聯合新零售（香港）有限公司

香港新界荃灣德士古道220-248號荃灣工業中心16樓

電話：2150 2100　傳真：2407 3062

出版日期　2022年5月／初版

ISBN ： 978-988-8550-27-2